Johann Schleich
Heil- und Wunderquellen der Steiermark

Johann Schleich

Heil- und Wunderquellen in der Steiermark

Die Deutsche Bibliothek – CIP-Einheitsaufnahme
Schleich, Johann:
Heil- und Wunderquellen in der Steiermark / Johann Schleich. –
Graz ; Wien ; Köln : Verl. Styria, 1998
ISBN 3-222-12621-6

Alle Fotos: Johann Schleich, Feldbach

© 1998 Verlag Styria Graz Wien Köln
Styria regional
Alle Rechte vorbehalten
Kein Teil des Werkes darf in irgendeiner Form
(durch Fotografie, Mikrofilm oder ein anderes Verfahren)
ohne schriftliche Genehmigung des Verlages reproduziert
oder unter Verwendung elektronischer Systeme verarbeitet,
vervielfältigt oder verbreitet werden.
Umschlaggestaltung: Graphic Pirker, Graz
Druck und Bindung: M. Theiss, A-9400 Wolfsberg
ISBN 3-222-12621-6

Inhaltsverzeichnis

Von Quellen und Quellengeistern 7

Bezirk Graz 10
Bezirk Graz-Umgebung 14
Bezirk Bruck 29
Bezirk Deutschlandsberg 37
Bezirk Judenburg 51
Bezirk Knittelfeld 59
Bezirk Leoben 68
Bezirk Leibnitz 75
Bezirk Liezen 86
Bezirk Mürzzuschlag 120
Bezirk Murau 127
Bezirk Voitsberg 143

Quellen und ihre Geheimnisse in der Oststeiermark 151

Bezirk Weiz:
Die kalten Wasser aus den Bergen 151

Bezirk Hartberg:
Vom Thermenland bis zur Pinggauer Brunnenkapelle 152

Bezirk Feldbach:
Das Zentrum des Thermenlandes 154

Bezirk Fürstenfeld:
Der Bezirk schwimmt auf heißem Wasser 161

Bezirk Radkersburg:
In der Vielfalt liegt die Stärke 162

Anhang 165
Die Illustratoren 165
Die Gewährspersonen 170
Verzeichnis der verwendeten Literatur 171
Register der Quellen und Bründl 173

Von Quellen und Quellengeistern

Nach fast 30jähriger Beschäftigung mit dem volksmedizinischen Wissen vieler steirischer Bauerndoktoren und Kräuterweiber sowie um die Heilkraft, die in Heil- und Wunderbründln steckt, schließe ich mit diesem Buch meine dreiteilige Buchreihe zum Thema Volksmedizin, die im Rahmen der Dokumentarserie „An der Grenze zur Armut" entstand, ab.
Daß es ohne Wasser kein Leben gibt, ist eine allgemein bekannte Wahrheit. Seit Jahrtausenden weit verbreitet ist auch der Glaube, daß Quellen von Geistern oder Gottheiten belebt sind und daß diese Quellengeister oft unter den Umständen, wie das Quellwasser genützt wird, sehr leiden. Manche Quellen wurden in einem Altarraum gefaßt, sprudeln unter dem Altar, dem heiligsten Ort der Kirche, oder strömen aus den Händen oder der Brust einer Statue des Quellenpatrons. Beispiele dafür sind in der Kapelle zum heiligen Brunnen in Mariazell, in Heiligenstadt bei St. Lambrecht, in Annabrunn bei Leibnitz, in der Brunnenkapelle in Pinggau und in Maria Fieberbründl bei Herberstein zu finden.

Viele Sagen haben sich um die Entstehung mancher Quellen und um die Wunder, die sich an Quellen zugetragen haben sollen, gebildet. Auch diese habe ich, soweit sie mir zugänglich waren, in dieses Buch aufgenommen. Im Heiligen Bründl bei Selztal wusch sich der hl. Rupert sein Gesicht, und im Bründl am Hermannskogel bei Knittelfeld war es die hl. Agnes, die sich dort ihr Haar wusch. Dieses Agnesbründl hat zu Ostern besondere Heilkraft. Nahe bei Murau findet man einige „Pfingstbründln", deren Wasser zu Pfingsten besondere Heilkraft erhält. Das Wasser eines dieser Murauer Bründl wird auch „Heiligengeisttau" genannt. Weitere Pfingstbründln findet man um Scheifling, St. Lorenzen, Lugtratten bei Oberwölz, Schöder, Hinterberg, Kreisleck („Pfingstlackn") und bei Haus im Ennstal. Das Pfingstwasser wurde in Gleinstätten für das

Anrühren des Heiligengeist-Dampfls für die Broterzeugung nach Hause gebracht.
Neben diesen volkstümlichen Quellen, deren Heilwirkung vielfach auf dem Glauben der Anwender beruht, gibt es natürlich auch eine Vielzahl von Quellen, deren Wirkung wissenschaftlich anerkannt und bereits seit Jahrhunderten bekannt ist. Maria Theresia hat zum Beispiel gesagt, daß die Heilquellen die natürlichen Gesundheitsapotheken ihrer Erblande seien. Diese Erblande verzeichneten 656 Heilquellen, wovon zehn in der Steiermark, die damals noch die Untersteiermark mit einschloß, lagen.
Volksglaube und die wissenschaftliche Wasseranalyse über Inhaltsstoffe und Kraft der Heilwasser klaffen meist weit auseinander. Bei vielen im Volksglauben sehr verehrten Heilquellen ist keine Mineralisierung vorzufinden. Die Kraft, die in diesen Wassern stecken soll, ist auf einer anderen Ebene zu suchen. Angewendet wurde und wird das Wasser der Quellen, ob Kaltwasser, Säuerling oder Therme, in unterschiedlichster Art und zur Heilung von den verschiedensten Krankheiten. Und so werden viele der Quellen, unabhängig von ihrer chemischen Zusammensetzung, seit Jahrhunderten als Heilbrunn, Heilquelle oder sogar als „heilige" Quelle bezeichnet. Einen besonderen wirtschaftlichen Stellenwert unter den Heilquellen aber nehmen die von der Landesregierung wissenschaftlich anerkannten Mineral- und Thermalquellen ein.

Das Buch wurde mit Zeichnungen von 18 Personen versehen, die diese Illustrationen im Rahmen des Projektes „SteirerArt" anfertigten. Dabei handelt es sich um ein steirisches Zeichenprojekt, bei dem Steirerinnen und Steirer aller Altersstufen und Berufe Bilder zu diversen Themen – wie in diesem Buch zu Quellensagen und Quellengeheimnissen – anfertigten.
Besonders möchte ich auf die Abschnitte *Quellengeheimnisse*, die bei einigen Quellen behandelt werden, hinweisen. Es handelt sich dabei um einen Bereich, der bei vielen Menschen nur unverständliches Kopfschütteln hervorruft, für andere jedoch unverrückbare Realität ist. Was seit Jahrtausenden immer wieder behauptet wird, daß Quellen von Geistern oder Gottheiten belebt seien, versuchen hier einige hochsensible und sich mit außergewöhnlichen Phänomenen beschäftigende Personen zu

bestätigen. Durch Meditation an den Quellen dringen sie in innere Bereiche der Quellen ein, verspüren deren Energien und sehen die unterschiedlichsten Bilder. Alle diese Personen sind von Natur aus für verschiedene parapsychologische Bereiche empfänglich und durch diverse Seminare geschult. Ihre Eindrücke bei den Quellen sind unter den *Quellengeheimnissen* wiedergegeben und zum Teil durch Illustrationen anschaulich gemacht. Für diese nicht einfache und in der Öffentlichkeit oft belächelte Arbeit möchte ich vor allem Angela Stoißer (Unterauersbach), Maria Bunderla (Kapfenstein), Maria Posch (Fürstenfeld), Melanie Cerov und Herbert Suppan (beide Feldbach) danken. Sie handeln bei ihrer Arbeit nach folgendem Spruch:

> „Für den, der glaubt,
> ist keine Erklärung nötig.
> Für den, der nicht glaubt,
> ist keine Erklärung möglich."

Johann Schleich
1998

Bezirk Graz

Beim Andritz-Ursprung töteten Knechte eine Quellennymphe. Illustration von Mag. Roswitha Dautermann, 1997.

Bezirk Graz

Andritz-Ursprung oder Jakob-Lorber-Quelle

Andritz

Der Andritz-Ursprung wird auch Jakob-Lorber-Quelle genannt. Es ist eines der rechtsdrehenden Wasser, das auch als Wunderwasser bekannt ist. Das Wasser, als gesund und heilkräftig bezeichnet, findet Anwendung bei inneren Erkrankungen und als Augenheilwasser. An der Ursprungs-Quelle selbst werden Waschungen und Teilbäder vorgenommen.
Weithin ist bekannt, daß die Quelle unter dem Schutz von Engeln steht. Das Quellwasserbecken wurde 1570 mit einer Mauer umgeben, um die Forellen des Landesfürsten vor Fischdieben zu schützen. 1785 heißt es: „Ursprung des Andritzbaches aus dem Schöckel, mit einer Mauer eingefangen und ohne Benutzung."
1955 wurde das Quellbecken an den Lorber-Verein verkauft, der sich nach Jakob Lorber, dem Grazer Ahnherrn der Theosophie, benannte.

Die Quellennymphen

Wem das Glück hold ist, der kann in mondhellen Nächten beim Andritz-Ursprung geheimnisvolle Nymphen beobachten, die sich am Wasser tummeln. Früher konnte man oft ihren wunderbaren Gesang hören, heute jedoch sind sie aus Kummer über den qualvollen Tod einer ihrer Gespielinnen verstummt.
Eines Nachts gingen ein paar Knechte von einer Tanzunterhaltung nach Hause. Ihr Weg führte sie am Andritz-Ursprung vorbei. Plötzlich hörten sie einen lieben Gesang. Da raschelte es im Schilf. Einer der Burschen sprang dorthin, griff nach der Gestalt im Schilf und war sehr erstaunt, als er sah, daß er eine schöne Frau gefangen hatte. Die rohen Burschen zerrten die schöne Gestalt an ihren goldenen Haaren ans Ufer, und als sie sahen, daß das Fräulein einen fischartigen Unterleib hatte, wurden sie wütend und begannen auf das Wasserfräulein einzuschlagen. Alles Flehen der Nixe half nichts. Sie schlugen auf

Ohne etwas sehen zu wollen, sehe ich Maria, weiß gekleidet, im Wasser liegen. Illustration von Angela Stoißer, 1998.

sie ein, bis sie zu Boden sank. Mit letzter Kraft hauchte sie: „Wenn ihr mich nicht so gequält hättet, würde ich euch gesagt haben, warum der Hohenberg nicht Hohenberg, sondern Reichenberg heißen soll, und auf welche Weise in der Hub Gold zu finden sei." Dann starb das schöne Fräulein.

Quellengeheimnis
In diesem Wasser liegt die heilige Maria, weiß gekleidet, schwebend, deutlich sichtbar.
(Angela Stoißer, 1997)

Andritz

Ulrichsbrunn

Eines Tages war Graf Ulrich von Gösting, der häufig unter Fieberanfällen litt, in der Nähe der heutigen Kirche von Ulrichsbrunn auf der Jagd. Plötzlich wurde ihm sehr übel, und sein Körper zitterte unter dem tückischen „türkischen" Leiden. Er wußte von einer naheliegenden Quelle, wohin er sich mit letzter Kraft schleppte. Dort brach er erschöpft zusammen. Da sah er, wie ein matter Hirsch zur Quelle kam, daraus trank und erfrischt davonlief. Nachdem auch er ein paar Schluck Wasser

Die Heilquelle Ulrichsbrunn in Andritz wird täglich von Wallfahrern und Heilungsuchenden aufgesucht.

aus der klaren Quelle getrunken hatte, fühlte er sich sofort wohler, und in kurzer Zeit war sein Körper so gestärkt, daß er wieder aufstehen konnte. Der Ritter erkannte die Kraft dieses Wassers, und von diesem Tag an kam er fast täglich, um zu trinken. So wurde er schließlich endgültig von seinen Fieberanfällen geheilt. Aus Dankbarkeit ließ er hier für seinen Namenspatron ein kleines Kirchlein errichten. Die Quelle nannte er Ulrichsbrunn. Seither wird die Quelle von vielen Menschen zur Heilung von Krankheiten genutzt.

Die Kaltwasser-Heilanstalt — Eggenberg

In Eggenberg kam es 1874 am östlichen Abhang des Gaisberges in einer Seehöhe von 1259 Metern zur Eröffnung einer Kaltwasser-Heilanstalt. Zwei Quellen versorgten die Heilanstalt mit dem notwendigen Wasser. Diese Quellen hatten eine Qualität, wie man sie beim Martinsbründl nahe beim Schloß St. Martin und bei den Schöckelquellen antrifft. Bereits um 1878 dürfte das Unternehmen in den Konkurs geschlittert sein.

Das alte Bad im Rosenhain — Geidorf

Bereits 1847 fand man in Graz-Geidorf bei der Suche nach Kohle eine Mineralquelle. Es entstand hier eine Badeanstalt, das „Mineralbad im Rosenhain". Betrieben wurde dieses Bad in Graz bis 1859. Das Wasser benannte man „Rosenberg-Säuerling".

Herrgottwiesquelle für Bierbrauerei — Puntigam

1968 wurde in Graz-Puntigam eine Thermalquelle mit Heilwasser erschlossen. Die Quelle wurde als „Herrgottwiesquelle" bezeichnet und findet vor allem bei der Biererzeugung des in Puntigam gebrauten Bieres Verwendung.
Die Anerkennung als „Calcium-Magnesium-Hydrogencarbonat-Sulfat-Akratotherme" erfolgte 1970.

Bezirk Graz-Umgebung

Am Himberg gruben Schafe ein Marienbild aus. Illustration von Mag. Roswitha Dautermann, 1998.

Bezirk Graz-Umgebung

Die Greitner-Kreuz-Quelle

Deutschfeistritz/Himberg

Im Wald auf dem Himberg bei Deutschfeistritz sprudelt unter einem Bildstock eine Heilquelle gegen Augenleiden hervor. Bekannt ist diese Quelle unter den beiden Vulgonamen Greitner-Kreuz oder Steindl-Kreuz. Der Kapellen-Bildstock ist der Heiligen Dreifaltigkeit geweiht, und am Dreifaltigkeitssonntag führt ein Prozessionszug hierher, wo die Teilnehmer ihre Augen auswaschen, vom Wasser trinken und das heilkräftige Wasser in Flaschen mit nach Hause nehmen. Die Prozession führt vom Zitoll-Kreuz weg zur Greitner-Kreuz-Quelle.

Schafe entdeckten Marienbild und Heilquelle
Viele Jahre schon weideten Schafe an den Wald- und Wiesenhängen von Himberg. Eines Tages wurden die Tiere außer-

Ziel vieler Wallfahrer ist die Quelle beim Greitner-Kreuz.

Bezirk Graz-Umgebung

Johann Hiden nutzt die Heilkraft der Greitner-Kreuz-Quelle.

gewöhnlich unruhig und begannen in der Erde zu graben. Bald hatten sie ein tiefes Loch gegraben, in dem ein Marienbild zum Vorschein kam. Unmittelbar daneben sprudelte nun auch ein kleiner Quell hervor. Als die Besitzer des Grundstückes vom Haus vulgo Greitner das Bild sahen, nahmen sie es mit nach Hause. Doch über Nacht war das Bild verschwunden, und zum Erstaunen aller Hausbewohner lag es am Morgen wieder in derselben Grube, in der es am Vortag gefunden worden war. Wieder nahmen die Leute das Bild mit nach Hause, und über Nacht kehrte es wieder, ohne daß jemand wußte wie, an die ursprüngliche Stelle auf die Schafweide zurück. Darin erkannten die Leute einen Wink des Himmels, und sie erbauten hier einen kleinen Bildstock. Das Quellwasser hatte von dieser Zeit an Heilkraft und wird seither von den Menschen zur Heilung von Augenerkrankungen angewendet.

Der Kapellen-Bildstock
Versteckt auf einem Waldhang, an einem aufgelassenen Waldweg, steht der Kapellen-Bildstock, der nach dem Vulgonamen Greitner oder Steindl benannt ist. Der gemauerte Nischenbildstock ist durch einen Vorbau kapellenartig erweitert. In der Kapellennische hängen einige Heiligenbilder. Am Bildstockfuß rinnt das heilkräftige Wasser in ein in den Boden versenktes Steinbecken.

Die ehemalige Kaltwasser-Heilanstalt   Frohnleiten

Im heutigen Haus Hauptplatz Nr. 30 in Frohnleiten wurde 1867 eine Kaltwasser-Heilanstalt eröffnet, die bis in den Ersten Weltkrieg hinein erfolgreich betrieben werden konnte. Die Kuren wurden besonders bei Nervenleiden durchgeführt. Mit großem Erfolg wurden Magen- und Darmkatarrhe, verlangsamte Blutbereitung, Lungenübel und Rachenkatarrhe behandelt. Die Wasserkur kombiniert mit Massage wurde bei chronischen Gelenksaffektionen und schmerzhaften peripheren Nervenleiden angewendet. Eingesetzt dafür wurden mehrere Quellen, die entlang der „Curpromenade" aufzufinden waren. Die bekannteste Quelle in Adriach wurde nach dem Arzt Dr. Franz Rumpelmaier, dessen Denkmal auf dem Hauptplatz von

Bezirk Graz-Umgebung

Die ehemalige Kaltwasser-heilanstalt auf dem Hauptplatz von Frohnleiten.

Dr. Franz Rumpelmaier

Frohnleiten steht, benannt. Der gute Ruf der Kaltwasser-Heilanstalt führte dazu, daß Frohnleiten als die „Perle des Murtales" bezeichnet wurde.

Ehemaliges Kurhaus

Gründer des ersten Kurhauses der Kaltwasserheilanstalt war der „hidrialische" Arzt und Prießnitz-Schüler Franz Rumpelmaier, der auch Ritter des Franz-Joseph-Ordens war.
Rumpelmaier lebte von 1805 bis 1869. Sein Denkmal steht unterhalb des Kurhauses (Hauptplatz Nr. 30) an der Murpromenade.

Judendorf

Siebenbrunn

An der Straße von Judendorf nach Gösting steht eine Mariensäule, aus dessen Sockel aus sieben Ausläufen Wasser quillt. Dieses Standbild wird „Siebenbründl" genannt. Das Wasser wird als Heilwasser bei Sehstörungen angewendet.

Bild rechte Seite: Aus dem Sockel der Mariensäule quillt aus sieben Öffnungen das heilkräftige Wasser. Illustration von Gottfried Höfler, 1997.

Siebenbründl

Bereits 1323 ist vom „prun pei Judendorf, das man nennet ze de Rinn in der Aynoede" die Rede. Es handelt sich um eine gekrönte Ährenkleidmadonna, die auf einer Säule steht. Das

Kleid ist blau, und die Ähren darauf sind vergoldet. Am Sockel rinnt das Augenheilwasser aus sieben feinen Röhrchen hervor.

Der Rat der Maria beim Siebenbrunn
Ein Hirtenmädchen litt unter schweren Sehstörungen. Mit der Kirche hatte das Mädchen auch wenig Freude, und vom Beten wollte es schon gar nichts wissen. Eines Tages ging sie beim Siebenbründl vorbei, da stieg zu ihrem Erstaunen die Gottesmutter vom Sockel herab und sagte: „Wasche deine Augen mit diesem Wasser und sage ‚Gott grüße dich, Maria!', dann wirst du wieder gut sehen und auch in den Himmel kommen."
Das Mädchen befolgte den Rat, und seine Augen wurden wieder gut sehend.

Kalsdorf

Der Sauerbrunn

Von 1872 bis 1970 wurde der Säuerling von Kalsdorf in Flaschen abgefüllt. In Großsulz bestanden zwei Schachtbrunnen, die durch Verunreinigungen bei einem Hochwasser 1970 stillgelegt wurden. Die Brunnenfassung lag in einer Tiefe von nur vier bis fünf Metern. 1822 wird berichtet, daß dieses Wasser von der Bevölkerung bei Bleichsucht angewendet wurde. In diesem Jahr ist von „sieben Quellen in Groß-Sulz" die Rede.
Im Jahr 1805 wurde der Chirurg Ortner aus Hausmannstätten auf diese Quellen aufmerksam und ließ zwei davon tiefer ausgraben. Das Sauerwasser wurde an Ort und Stelle von vielen Grazern getrunken, bis es 1827 durch ein Murhochwasser ungenießbar wurde. Die Anerkennung als Heilwasser erfolgte 1959. Als bemerkenswert bei der Wasseranalyse gilt der Inhalt von 50 mg/kg Borsäure.

Krumegg

Die versiegte Heilquelle bei der Brandiagl-Kapelle

Bei der Brandiagl-Kapelle in Kocheregg befand sich im Wald ein Heilbründl, an dem man eine Muttergottes-Statue aufgestellt und in seiner Nähe im Jahr 1900 eine Holzkapelle errichtet hatte. Unzählige Kranke und Hilfesuchende kamen hierher, um vom Wasser zu trinken.

Das Gruber-Heiligenwasser

Neuhof

In Neuhof bei Kleintal nahe bei Übelbach tritt mitten im Wald das Gruber-Heiligenwasser zutage. Die für unterschiedliche Krankheiten, vor allem aber bei Augenerkrankungen heilkräftige Quelle wird von einer kleinen Kapelle geschützt. Zu Mariä Himmelfahrt (15. August) führt eine Prozession zur Quelle; vor Jahren noch kamen auch zu Ostern die Wallfahrer hierher. Sie nehmen das Quellwasser in Flaschen für kranke Verwandte mit nach Hause.

Blut rann aus dem Quelloch
Ein Holzknecht, der im Wald nahe dem Kleintal bei der Holzarbeit beschäftigt war, litt unter großem Durst, und so machte er sich auf die Suche nach einer Quelle. Bald hatte er einen kalten Quell gefunden, aus dem er trinken wollte. Wie er seine Hand in den Quell hielt, sah er, daß sich das Wasser in Blut verwandelte. Kurz darauf war das Wasser wieder glasklar. Seither wird diese Quelle, die von diesem Tag an auch Heilkraft besaß, Heiligenwasser genannt.

Für die gelangweilte Prinzessin wurde eine Glocke angeschafft. Illustration von Eva Schleich, 1997.

Die gelangweilte Prinzessin
An jener Stelle, wo heute die Heiligenwasser-Kapelle steht, war einst ein Holzkreuz aufgestellt. Am Berghang oberhalb des Kreuzes waren im Wald Holzknechte beim Schlägern von Bäumen beschäftigt. Einer der Holzknechte ließ die Holzbloche den Berghang hinunterrollen, ohne dabei darauf Rücksicht zu nehmen, auf was sie trafen. Trotz der Warnungen der anderen Holzknechte, daß er darauf achten solle, das alte Kreuz am Berghang nicht zu beschädigen, ließ er wieder ein Bloch zu Tal sausen, das das Kreuz mit dem darauf befindlichen gekreuzigten Christus in Stücke zerfetzte. „Wir haben dir gesagt, du sollst das Kreuz nicht umholzen", riefen die Holzknechte erbost. Doch er rief zu ihnen zurück: „Was soll das blöde Kreuz." Wenig später geriet der Holzknecht unter einen Baum, der ihm den Schenkel brach.
Die Kollegen trugen den Mann, der unter großen Schmerzen stöhnte, in Richtung des zerbrochenen Kreuzes, wo ein kleiner Quell zutage sprudelte. „Bitte, bitte, gebt mir vom Wasser zu trinken", flehte er die Holzknechte an. Und als er getrunken hatte, ließen zu seinem Erstaunen die Schmerzen nach. Jetzt erkannte er, welche Kraft in diesem geheiligten Wasser, in dem die Trümmer des zerstörten Kreuzes lagen, steckte, und er gelobte, falls er jemals wieder gehen könne, werde er hier ein schönes Kreuz aufstellen. Es dauerte nicht allzu lange, und der Holzknecht konnte wieder gehen. Er stellte einen Bildstock mit einem Dach auf, der im Laufe der Zeit zu einer Kapelle ausgebaut wurde. Kapelle und Quelle wurden von diesem Tag an Heiligenwasser genannt.

Im naheliegenden Forsthaus der Herrschaft Waldstein war eine übermütige Prinzessin zur Strafe bei der Försterin untergebracht. Die Prinzessin litt unter großer Einsamkeit, da das Forsthaus abseits von jeder Siedlung lag und von den Bergen eingeschlossen und von dichten Wäldern umgeben war. Sie klagte, daß man in dieser Waldgegend keinen einzigen Menschen zu sehen bekommt und nicht einmal den Klang einer Glocke hört. Aus diesem Grund spendete sie für die Kapelle bei der heilkräftigen Quelle eine Glocke. Die Holzknechte des Forsthauses bauten auf die Kapelle einen Glockenturm und deckten Turm und Kapelle mit Holzschindeln ein.

Heiliges Wasser
Ein Priester wurde mitten im Winter zu einem Sterbenden auf den Mitterberg gerufen. Damals war der Berg sowohl sonn-, als auch schattseitig besiedelt. Mehrere zerfallene Überreste von einstigen Gehöften geben noch heute Zeugnis davon. Als nun der Priester den steilen Weg bergan stieg, brach plötzlich ein höllischer Schneesturm los. Vom Weg war bald nichts mehr zu sehen, und der Priester brach aus Erschöpfung zusammen. Plötzlich hörte er ein glucksendes Wässerchen, wohin er sich schleppte. Er trank mit letzter Kraft davon und fühlte sich sofort so erfrischt, daß er den Weg fortsetzen konnte und bald das Bauernhaus mit dem Sterbenden fand. Seit dieser Zeit nennt man diese Quelle „Heiliges Wasser".

Der Rastplatz an der Quelle
Schon vor undenklichen Zeiten soll auf dem Mitterberg eine heidnische Kultstätte bestanden haben, die später von den Christen übernommen wurde. Zur Besiedlungszeit des Übelbachtales durch die Bayern bestand auch ein Fahrweg vom Murtal über die Gleinalm bis nach Deutschfeistritz. Dieser Weg

Die Heiligenwasser-Kapelle steht auf 1000 Meter Seehöhe.

führte an der Quelle „Heiligen Wasser" vorbei. Die Quelle diente wegen des erfrischenden Wassers als Rastplatz. Hier stand zu dieser Zeit ein Holzkreuz, das dann durch einen Bildstock ersetzt wurde.

Die Heiligenwasser-Kapelle
Die gemauerte Kapelle wurde mit einem hölzernen Vorbau vergrößert. Das heilkräftige Wasser sprudelt unter dem gemauerten Altartischsockel hervor. Ausgestattet ist die Kapelle mit einem Marienbild und einer Lourdes-Madonna. Neben der Kapelle steht ein kleiner Holzbau, in dem sich Wallfahrer ausruhen können. Die Kapelle ist an einem steilen Waldhang in rund 1000 Meter Seehöhe verhältnismäßig schwer zu finden. Errichtet wurde der Kapellenbau vom Besitzer Ruff vulgo Gruber. Der heutige Besitzer ist Hermann Kamensek.

Semriach

Der Ulrichsquell

Vor 300 Jahren wurde über der Ulrichsquelle am Windhofkogel bei Semriach ein Kirchlein errichtet. Später wurde an der Kirchenaußenseite eine hölzerne Kanzel angebracht, damit der Priester von dort zu den vielen Menschen sprechen konnte. Neben der Kapelle steht ein Standbild des heiligen Ulrich, und dort kommt die Ulrichsquelle, die unter der Kirche entspringt, ans Tageslicht. Viele Kranke suchen diese Quelle auf, um sich die Augen auszuwaschen, und erhoffen sich durch das Trinken des Wassers auch die Heilung von verschiedenen Krankheiten. Eindrucksvoll ist der Quellaustritt mit dem darüberstehenden Bildstock und der lebensgroßen Ulrichsstatue aus der ersten Hälfte des 18. Jahrhunderts.

St. Radegund

Die abgekommene Kaltwasser-Heilanstalt

Im Quellgebiet der Rabnitz in den südöstlichen Niederungen des Schöckels entspringen rund 60 Quellen. Die Eremitenquelle am Fuße des Kalvarienberges von St. Radegund dient der Bevölkerung schon lange als Trinkquelle. 1894 wurde die Bewilligung für die Errichtung einer „kalten und warmen Badeanstalt" erteilt. 1865 wurden vier der zahlreichen Quellen nach den Begründern des Kurortes St. Radegund als Prießnitz-,

Sponner-, Schindler- und Demeliusquelle benannt. Eine Quelle benannte man nach der syrischen Stadt Smyrna. Weitere Quellen hießen „Willkommquelle", „Quelle der Faulen", „Douchequelle", „Philosophenquelle" und „Räuberquelle". Einige Quellen hat man mit den Vornamen der Damen aus der Kurgesellschaft benannt. Rund 28 Quellen wurden in marmorne Rinnen gefaßt. Die Kuranstalt wurde 1914 mit Ausbruch des Ersten Weltkrieges geschlossen.

Tobelbad und seine Thermalquellen

Die beiden Thermalquellen von Tobelbad waren bereits den Römern bekannt. Dabei handelt es sich um die linksufrig vom Doblbach austretende Ludwigsquelle und die nur 75 Meter entfernte, am rechten Ufer aufzufindende Ferdinandsquelle. Genutzt wird die Ludwigsquelle für die Warmwasserversorgung und Bädertherapie in der Heilstätte der Allgemeinen Unfallversicherungsanstalt, während die Ferdinandsquelle ungenützt in den Doblbach abfließt. Beide Quellen sind als „Calcium-Magnesium-Hydrogencarbonat-Sulfat-Thermen" zu bezeichnen. Die Anerkennung als Heilquellen ist bisher noch nicht erfolgt. Nach den Römern sollen die Quellen in den Stürmen der Völkerwanderung bis in das Mittelalter in Verges-

Im Schlösserbuch von Vischer ist 1681 „das Dabelbad" abgebildet.

senheit geraten sein. 1548 übergab Ferdinand I. das Bad mit einer Quelle, der späteren Ludwigsquelle, den Steirischen Ständen. Er verpflichtete sich auch, arme kranke Menschen unentgeltlich aufzunehmen. Urkundlich genannt wurde das Bad erstmals im Jahr 1491. Die zweite Quelle (Ferdinandsquelle) wurde im 16. Jahrhundert vom Herrn von Saurau erworben. Die Ludwigsquelle nannte man „Kaltes Bad", weil sie kaltes Wasser spendet. Den Namen Ludwigsbad erhielt der Quell nach Ludwig Corphius Edler von Kaisersieg, Abt von Rein. Die Ferdinandsquelle wurde nach Kaiser Ferdinand I. benannt. Zeitweise kam es zur Nutzung einer dritten kalten Quelle. Das als Marienbründl genützte Wasser, auch „Maria-Louisen-Quelle" genannt, konnte bis 1889 genutzt werden.

Die Quellen bewähren sich vorzüglich bei Nervenleiden, Hypochondrie, Hysterie, Migräne, nervösem Rheuma, Gicht und bei weiblichen Sexualkrankheiten, heißt es in alten Aufzeichnungen. In der Ludwigsquelle sind unter anderem 36,1 mg Magnesium, 102,8 mg Calcium, 5,9 mg Strontium, 128,4 mg Sulfat und 347,3 mg Hydrogenkarbonat enthalten. In der Ferdinandsquelle findet man 100,7 mg Calcium, 35 mg Magnesium, 5,5 mg Strontium, 126,5 mg Sulfat und 336,7 mg Hydrogenkarbonat.

Eingangsbereich des neuen Rehabilitationszentrums in Tobelbad.

Ein verletzter Hirsch wurde geheilt
Ein Hirtenknabe hielt sich im dichten Wald, dort wo heute die Heilstätte Tobelbad steht, versteckt, als sich ein bei der Jagd schwer verwundeter Hirsch heranschleppte und sich an einer bestimmten Stelle im Bach badete. Mehrere Tage beobachtete der Hirtenjunge dieses Ritual. Bald zeigte sich, daß der angeschossene Lauf des Hirsches heilte und das Tier flott und munter weglief. Dies hörten fromme Waldbrüder, die sich auch mit der Heilkunde beschäftigten. Sie ließen sich hier nieder, bauten einige Zellen und begannen, Leidende mit Hilfe des kraftvollen Wassers zu heilen. Schnell verbreitete sich der Ruf von diesem Heilwasser, und so kam es zur Gründung der ersten Badeanstalt.
In einer anderen Sage wird berichtet, daß der Babenberger Herzog Friedrich II. der Streitbare bei einem Jagdaufenthalt in dieser Gegend in den Heilquellen von Tobelbad gebadet hätte.

Tobelbad
Der Name Tobelbad stammt vom althochdeutschen Wort *Tobel* = Waldtal und nicht vom slawischen *topel* = warm.
Im 1731 bis 1732 von Josef Carlone errichteten Festsaal der

Mit dem Wasser in Tobelbad wurde ein verletzter Hirsch geheilt. Illustration von Edi Wuritsch, 1997.

Heilanstalt befindet sich ein Deckenfresko von Franz Ignaz Flurer, in dessen Mittelfeld des Spiegelgewölbes eine Darstellung zu sehen ist, wie Jupiter die Heilquelle der Steiermark spendet. Juno thront mit dem Göttervater im Zentrum. Mit einer Handbewegung wird Neptun der Befehl erteilt, die Quelle entspringen zu lassen. Neptun mit dem Dreizack befiehlt Triton, das Wasser aus einem großen Gefäß zu verschütten.

1948 erwarb die Allgemeine Unfallversicherungsanstalt die Liegenschaft mit Quellen und eröffnete 1952 das Krankenhaus zur Rekonvaleszenz für Unfallverletzte. 1959 wurde die Heilstätte für interne Berufskrankheiten eröffnet. Der Neubau wurde am 31. Mai 1989 abgeschlossen.

Äußerst interessant ist die künstlerische Ausstattung des Rehabilitationszentrums. Vor dem Eingang steht eine bronzene Thalossäule von Rudolf Kedl (1989). Im Innenraum befinden sich ein Mosaik mit dem Titel „Marmorintarsium" von Helmut Magreiter (1989), das Großgemälde „Behaglichkeit und Fernweh" von Peter Atanasov (1988), ein Bronzegußkubus von Josef Schagerl, zwei Bildobjekte von Hermi Ganser (1990), die Wandmalerei „Positive und negative Seiten der Umwelt" von Oskar Asboth und der „Schmetterlingsbaum" von Rudolf Hausner (1989). Kraft finden können die Patienten in der Hauskapelle mit der zweiflügeligen Bronzegußtür und dem Altarreliefbild (Bronzeguß) von Horst Aschermann (1989). Die Glasfenster in der Kapelle mit dem Titel „Der Himmel über Tobelbad" sind von Wolfgang Temmel gestaltet.

Eines der bekanntesten Wallfahrtsziele in der Steiermark ist die Ulrichsquelle bei Semriach.

Bezirk Bruck

Schüsserlbrunn
Breitenau

Auf einem Felsvorsprung des Hochlantsch steht neben einigen wassergefüllten Natursteingruben eine Kapelle, die „Schüsserlbrunn" genannt wird. Dem Wasser aus diesen Steinschüsserln wird Heilkraft bei Augenleiden zugesagt.

Die ehemalige Brunnlacke

Von warmen Quellen, die in der Breitenau bei St. Jakob aufsteigen, wurde bereits 1841 berichtet. Die Bevölkerung nannte sie „die Brunnlacke". Sie wurde beim Hochwasser 1958 verschüttet. Zuvor wurde sie von der Bevölkerung als Heilquelle genutzt.

Die alte Salzquelle
Halltal

Der Quellort für eine seit Urzeiten bekannte Salzquelle im Halltal bei Mariazell ist durch eine großflächig vernäßte Mulde erkennbar.

Salzstelle Halltal
Bereits 1025 scheint diese Salzstelle in den Urkunden auf. Ab 1103 war sie im Besitz des Benediktinerstiftes St. Lambrecht, das die Salzquelle mit vielen zwischenzeitlichen Störungen bis in das 17. Jahrhundert wirtschaftlich nutzte. Hinweise auf diese Saline findet man in den alten Hausnamen „Hallhof" oder „Salzmeisterhof" (Halltal Nr. 35).

Schwefelquelle im Fölzgraben

Im Fölzgraben bei Halltal entspringt eine Schwefelquelle. 1889 heißt es: „Sie sammelt ihr Wasser in einem mit Holz eingefaßten Brunnen, ist kristallhell und trotz ihres starken Geruches

Bezirk Bruck

Die Austrittsstelle der alten Schwefelquelle im Fölzgraben.

trinkbar. Wiederholte Versuche, hier eine Badeanstalt zu gründen, blieben erfolglos."

Zwei Austritte von schwefelhältigem Wasser sind am Bachufer des Fölzgrabenbaches bekannt. Johann Schmidberger, der in unmittelbarer Nähe wohnt, erzählte, daß hier das Wasser milchig-weiß hervortrat. Durch Hochwasser und Baggerungen im Bachbett sind die Quellaustritte derzeit verschüttet. Starker Schwefelgeruch ist im Fölzgraben an einigen Stellen feststellbar.

Mariazell

Die Nixquelle in der Heiligen-Brunn-Kapelle

Die älteste Nennung vom Heiligen-Brunn in Mariazell findet sich im Rauchgeldverzeichnis 1572–1574: „Hannß beim Brunn im Marckht zu Zell". Die Heiligen-Brunn-Kapelle wurde 1711 über der altbekannten und vielbesuchten Heilquelle erbaut. Benannt wird die Quelle „Heiliger Brunn", „beim Brunn" oder „Nixquelle". Es heißt „Nix is guat fürs Augenweh" (Nix ist ein leichtes, weißes Mineral = Zinkoxid).

Die Nixquelle ist besonders für Augen heilsam. Wallfahrer trinken auch davon und waschen im frommen Glauben auch kranke Körperteile, unter anderem auch die Füße. Die Heilkraft im Wasser schreibt man Maria zu. Das Wasser wird mit Kanistern bis in den Raum Wien als Trinkwasser mitgenommen. Rudolf Stacherl aus St. Pölten meint: „Es ist ein stark rechtsdrehendes Wasser mit viel Energie. Der Brunnen an der Außenwand der Kapelle hat weniger Kraft."

Die Heiligen-Brunn-Kapelle
Sie wurde 1711 über der Heilquelle erbaut. Der Altar trägt eine Marienstatue mit Kind aus dem 15. Jahrhundert. Das Heilwasser sprudelt aus Krügen, über denen zwei Engel schweben, beiderseits des Altares in Marmorbecken. Darüber stehen die Eltern Mariens, Anna und Joachim. Die als „Brunnen-Madonna" bezeichnete Statue wird Jacob Kaschauer zugeschrieben. Die Freskogemälde beziehen sich auf die heilende und reinigende Kraft des Wassers nach Bibelberichten: „Der Geist Gottes schwebt über den Wassern", „Moses schlägt Wasser aus den Felsen", „Elisäus am Jordan", „Der Jacobsbrunnen", „Der Blindgeborene am Teich Siloe". An der Kapellenaußenwand rinnt ebenfalls das heilkräftige Wasser, geschützt von einer Marienstatue, hervor.

Moses schlägt Wasser aus dem Felsen. Deckenfresko in der Heiligen-Brunn-Kapelle, Mariazell.

Quellengeheimnis
Der Gnadenort zeigt sich in einem goldenen Strahlenkranz. Im Inneren ist nichts zu sehen. Die Energie in der Basilika ist sehr schwer, als ob dort unendlich viel Leid abgeladen worden wäre. Leichter ist die Energie bei der Brunnenkapelle. Das Wasser ist kraftlos. (Angela Stoißer, 1997)

Vom Heiligen Brunnen wird Wasser bis nach Wien transportiert.

Das Erhardibründl

St. Erhard in der Breitenau

An der Außenwand der Pfarrkirche St. Erhard in der Breitenau tritt aus einer Grotte eine Quelle hervor. Viele Wallfahrer, die hierher kommen, suchen durch das Wasser des Bründls die Heilung von ihren Augenleiden.

Die Brunnengrotte
Vor einigen Jahren wurde die Brunnengrotte neu gestaltet. Das Steinrelief, das sich über dem Heilquell befindet – er entspringt übrigens unter der Kirche –, zeigt den heiligen Erhard bei der Taufe der blindgeborenen Odilia, die daraufhin ihr Augenlicht wieder erlangte.

Kaltwasserkuren im Steinerhof

St. Martin bei Kapfenberg

Neben Fichtennadel- und Laubbädern kamen um 1885 in St. Martin bei Kapfenberg auch Kaltwasserkuren zur Anwendung. Die Kaltwasser-Heilanstalt im alten Hammergewerkenhof (Steinerhof) entstand im 19. Jahrhundert, und bereits 1868 bestanden 60 Zimmer, ein Badehaus mit 16 Kabinen und ein Dampfbad. Ab 1889 wurden hauptsächlich Fichtennadelbäder verabreicht.
Bemerkenswert ist, daß 1883 in unmittelbarer Nähe eine weitere Kaltwasser-Heilanstalt bestand, die aber vom deutschen Badepublikum weniger als die Heilanstalt im Hammergewerkenhof besucht wurde.

Die Hildequelle und der Lindenbrunnen

Zlatten

Möglicherweise erhielt das Dorf Zlatten nahe bei Pernegg seinen Namen vom bestehenden Sauerwasservorkommen (slaw. *slatina*). Konkret trifft man auf Hinweise eines Sauerbrunnens zu „Zlattendorf unter Bruck" in einem 1660 verfaßten Admonter Manuskript:
„Im Tal und im Dorf Zlattendorf sprudeln Sauerwässer, die bei Gebrauch lösend, stärkend und harntreibend wirken, ähnlich wie Selterwasser." (Als Selterwasser wurde das Mineralwasser aus Niederselters in Hessen bezeichnet.) Der Lindenbrunnen und der Säuerling von Zlatten werden 1777 erwähnt: „Linden. (bey der) Säuerling in Steiermark. Am Kaiserwege nacher Gratz

Bezirk Bruck

eine Stunde unter Prug an der Muhr ist ein einschichtiges Wirthaus, so man bey der Linden nennt, von diesem recht in einem Graben fließt ein guter leicht eisenhaltiger Säuerling, dessen Untersuchung ich 1776 angestellt habe, itzt aber verlustigt bin. Zlattendorf. Säuerling in Steiermark. In dem zum Dorfe Zlattendorf gehörigen Thale, eine viertel Meile von Pernegg, eine Meile von Bruck an der Muhr entspringt ein gährendes sehr geistiges Wasser, welches im Verkosten der Zunge beißet, und einen Vitriolgeschmack hat ..."

1848 ist von zwei Mineralquellen im Zlattengraben und eine am Ausgang dieses Grabens in das Murtal beim Gasthof „Zur Linde" die Rede. 1862 heißt es, daß einer der Säuerlinge neuerdings „Rudolfsquelle" genannt wird. Genaue Angaben erfolgten 1889, wo der Lindenbrunnen neben dem Gasthof zur Linde und, zwei Kilometer entfernt, die Rudolfs-Quelle auf der Hieselwiese zu finden sind.

Das Wasser aus dem Lindenbrunnen wurde als „Zlattner Säuerling" versandt, was noch 1915 nachgewiesen werden kann. Beim Bau des Murkraftwerks Pernegg versiegte der Brunnen, in dem heute wieder ein Säuerling sprudelt. Anton und Josefa Brunner errichteten über dem Brunnenschacht direkt

Neben dem „Gasthof zur Linde" in Zlatten befindet sich der alte Lindenbrunnen.

Bild linke Seite: Anton Brunner erbaute die Lindenbrunnenhütte. Die Quelle soll wirtschaftlich genutzt werden.

neben dem alten Gasthof zur Linde, das mit einer Maria-Theresia-Konzession belegt war, 1995 eine Holzhütte. Geplant ist in Zukunft die wirtschaftliche Nutzung des Säuerlings.

Über die Herkunft des Namens „Rudolfs-Quelle" weiß man nichts. Das Wasser wurde nach 1941 schnell als Heilwasser bekannt, nachdem Antonia Pretzler, die Besitzerin der Quelle, an einem Gallenleiden erkrankt und durch das Trinken des Sauerwassers bald wieder gesund war. 1957 nahm sich Hans Kipper aus Gams ob Frauental, der Entdecker der Gamser Eisenquelle, gemeinsam mit der Familie Pretzler der Vermarktung des Quellwassers an. Die Rudolfs-Quelle wurde auf Hildequelle (nach Hilde Kipper) umbenannt. 1962 erfolgte die Anerkennung als Heilquelle. Als Inhaltsstoffe sind unter anderem 333,6 mg Natrium, 38,6 mg Kalium, 105,9 mg Magnesium, 132,1 mg Calcium, 17,3 mg Eisen II, 19,2 mg Chlorid und 1867 mg Hydrogencarbonat enthalten. Über die neugefaßte Quelle wurde ein Brunnenhaus errichtet. Die Schüttung läuft derzeit ungenutzt in den Zlattenbach. Bei Trinkkuren kann der Säuerling bei Eisenmangelanämien und bei Erkrankungen der ableitenden Harnwege angewendet werden.

In dieser kleinen Grotte befindet sich in Steinschüsserln das heilkräftige Wasser von Schüsserlbrunn.

Bezirk Deutschlandsberg

Die Michelquelle

Bad Gams

Als sich der Lehrer Hans Kipper 1952 auf die Suche nach einem vergrabenen Klosterschatz in Gams ob Frauental machte und dabei auf eine stark eisenhältige Quelle stieß, begann für diesen Ort ein neuer Zeitabschnitt. Kipper benannte die Quelle nach seinem Sohn Michel als „Michelquelle". Die „einfache Eisenquelle" fand 1957 als „Eisen-Calcium-Hydrocarbonat-Eisenwasser akratischer Konzentration" die Anerkennung als Heilquelle. Es findet für Trinkkuren Verwendung und wird auch in Flaschen abgefüllt. 1985 wurde, nachdem der Eisengehalt dramatisch absank, ein neuer Schachtbrunnen errichtet und der alte Brunnen stillgelegt. Die Wassercharakteristik zeigt einen Eisengehalt II von 60,2 mg, 40,1 mg Calcium und 264,9 mg Hydrogencarbonat.

Die Quellen von Bad Gams eignen sich besonders für Trinkkuren bei Eisenmangelanämie, in der Schwangerschaft, im Wachstum und bei chronischer Blutungsanämie. 1980 erhielt

In der Trinkhalle in Bad Gams werden drei Quellen angeboten.

das Unternehmen Kipper die Bewilligung, unter medizinischer Leitung ein Ambulatorium für Bade- und Massagekuren zu führen.

Die Michelquelle wird zur unterstützenden Behandlung bei Eisenmangelanämie im Wachstum und in der Schwangerschaft, chronischer Blutungsanämie, Infekten und bei Erkrankungen des Magen-Darm-Traktes angewendet.

Ein Gedicht von Anna Rajchl zu Ehren der Michelquelle:

An die Michlquelle
Es quillt das Wasser aus des Bodens Tiefe,
bringt Heilung uns in mannigfacher Art.
Viel hundert Jahre war's, als ob es schliefe,
nun ist's erwacht zum Segen unserer Gegenwart.
„Du Wunderquell", so reich gewürzt von Mutter Erde,
fließ immerzu, daß Heilung kranken Menschen werde!

Bad Gams

Die Gamser Sankt Hubertusquelle

Die seit 1961 als „Gamser St. Hubertusquelle" anerkannte Heilquelle wurde vom praktischen Arzt Dr. Ernst Salmhofer auf der Suche nach Wirtschaftswasser entdeckt. Die sogenannte „braune Suppen" zeigte sich als stark eisenhältiges Wasser. 1960 errichtete Dr. Salmhofer über dem Brunnen eine Trinkhalle. Die Charakteristik der Hubertusquelle zeigt einen Gehalt von 46,7 mg Calcium, 7,36 mg Magnesium, 26,8 mg Eisen II und 238 mg Hydrogencarbonat. Der niedrige Kohlensäuregehalt läßt die Bezeichnung Säuerling nicht zu. Derartige Gewässer, die einen so hohen, jedoch schwankenden Eisengehalt haben, sind in den Randbereichen des Kristallins häufig zu finden.

Die Gudrunquelle

Noch innerhalb des engeren Schutzgebietes der Michelquelle wurde auch die salzarme „Gudrunquelle" erschlossen. Es handelt sich um ein auffallend gering mineralisiertes Grundwasser – Eisengehalt nur 0,27 mg/l –, das als Tafelwasser bezeichnet wird. Das kurhoteleigene Hallenbad wird damit auf 30 Grad Celsius erwärmt, und im Sommer wird damit auch das Freibad beschüttet.

Die Aktivquelle

Bad Gams

Für Trinkkuren wird auch das Aktivwasser genützt. Unter den Inhaltsstoffen findet man 333,6 mg Natrium, 105,9 mg Magnesium, 132,1 mg Calcium, 17,3 mg Eisen II und 1867 mg Hydrogencarbonat. Die Aktivquelle findet bei leichten Diabetes-Fällen und bei Stoffwechselerkrankungen Anwendung.

Das Frauenbründl

Osterwitz

Nahe der Wallfahrtskirche zur Schmerzhaften Mutter in Osterwitz tritt in einer Bildstocknische ein Quell hervor, der seit Menschengedenken als Augenheilbründl bekannt ist und geschätzt wird. Tausende Wallfahrer kommen Jahr für Jahr hierher, waschen sich ihre Augen aus und nehmen Wasser in Flaschen mit nach Hause. Wegen der besonderen Heilkraft, die in diesem Wasser stecken soll, wird die Quelle auch als Wunderbründl bezeichnet.

Bründlbildstock
Der wuchtig gemauerte Bildstock besteht im Oberteil aus Nischen. In der Vordernische befindet sich ein zerstörtes Bild, das die Schmerzhafte Muttergottes mit Jesus im Arm zeigt. Im Sockelbereich tritt aus einer Wassergrotte das Wunderwasser hervor. Wallfahrer kommen vom Mai bis September an diesen Ort. Zu den größten Wallfahrtstagen gehören der 2. Juli, 15. August und 8. September. Am 15. August, dem Großen Frauentag, kommen bis zu 3000 Wallfahrer hierher. Jene aus Stallhofen zu Fuß, die übrigen aus allen Himmelsrichtungen mit Autos. Bildstock und Bründl befinden sich auf einer Seehöhe von 1140 Meter, auf einem Bergrücken der Koralpe.

Abbildung des Gnadenortes aus dem Jahr 1755.

Eine Fußheilquelle

Osterwitz

Für die Wallfahrer, die nach Osterwitz gehen, ist die Quelle auf der Betleiten eine unverzichtbare Zwischenstation. Die Quelle ist für ihre Heilkraft bei Fußschmerzen und Fußerkrankungen hoch geschätzt. Durch die Verlegung vieler Wallfahrtswege nach Osterwitz geriet auch der genaue Platz der Fußheilquelle in Vergessenheit.

Die Heilige Familie im Osterwitzer Graben
Die Heilige Familie kam bei ihrer Wanderung auf der Suche nach einer Herberge zwischen Osterwitz und Trahütten auch in das herrliche Engtal, den Osterwitzer Graben, wo Maria auf der Betleiten eine Quelle fand, in der sie die Windeln des Jesukindleins wusch. Seither hat dieses Quellwasser besondere Heilkraft bei Fußleiden und einen feinen angenehmen Geruch. Die Wallfahrer, die hierher kommen, ziehen die Schuhe aus, gehen in das Wasser, und gleich sind alle Schmerzen an wunden Füße verschwunden. Mitgebrachte Tücher werden an dem Stein neben der Quelle gerieben, wonach diese wie Safran riechen. Diese Tücher werden zu Hause in Glaskästen aufbewahrt. Maria kam zu dieser Quelle, als gerade zum Beten geläutet wurde. Daher heißt dieser Platz jetzt Betläuten (Betleiten).

Heilquelle und Moorbad Schwanberg

Schwanberg

Lange bevor 1973 das Moorbad im Kloster Schwanberg eröffnet wurde, war der Ort bereits als Badeort bekannt. 1858 wurde das Mainsdorferbad nächst Schwanberg erstmals erwähnt. Dieses Bad, für das Bachwasser Verwendung fand, wurde beim

Schwanberg um 1680.

vulgo Stegweber am Sulmeggbach betrieben. Dem Wasser wurde Heilkraft gegen Gicht, Rheumatismen und allgemeine Schwäche bei Rekonvaleszenzen zugeschrieben. Mainsdorf war bis zur Vereinigung mit Schwanberg im Jahr 1969 eine selbständige Gemeinde. Über das Ende des Badebetriebes fehlen die Aufzeichnungen.

Prof. Anton Reibenschuh berichtete 1889 von einer weiteren Quelle: „Die Eisenquelle in Schwanberg. Dieselbe liegt unmittelbar am rechten Ufer der Sulm und entspringt auf einer Wiese der Besitzung der Frau della Pietra. Das Wasser der Quelle ist gelblich, hat zuweilen einen deutlichen Geruch nach Schwefelwasserstoff und setzt nach kurzem Stehen einen rostbraunen Niederschlag ab. Das Wasser enthält nach eigenen Versuchen 0.6761 fixe Bestandtheile in 10000, und hat eine Temperatur von 12° bis 12,5° C. Das Wasser wird zur Speisung der Wannenbäder der nebenliegenden kleinen Badeanstalt benützt. Eine vollständige Analyse habe ich eben in Angriff genommen."

Diese Angaben über die Quelle wurden 1915 von J. Höhn bestätigt. Die Badeanstalt soll auf der heutigen Liegenschaft Sulmstraße Nr. 10 bestanden haben. Nachdem die Quelle versiegt war, wurde sie 1938 aufgelassen.

Im Kapuzinerkloster nahm 1973 das Moorbad den Betrieb auf. Die Kuranstalt bezieht das in Verwendung stehende Moor vom

Ansicht von Schwanberg um 1830.

naheliegenden, rund 1300 Meter hoch gelegenen Hochmoor von Garanas. Dieser Badetorf soll vor etwa 6000 Jahren entstanden sein. Das Hochmoor beinhaltet rund 88 Prozent Moorwasser und an anorganischen Bestandteilen Calcium, Magnesium, Eisen, Kalium, Natrium, Aluminium, Titan, Kieselsäure, Sulfat und Chlorid. Angewendet werden die Bäder bei Erkrankungen des rheumatischen Formenkreises, Spondylosen, Frauenkrankheiten, Verletzungs- und Operationsfolgen und bei Entzündungen im Brust- und Bauchraum.

Ehemaliges Kapuzinerkloster
Die Kapuziner bekamen den ehemaligen Amthof 1706 geschenkt. Sie gründeten ein Kloster, das bis 1969 bestand. Zwischen 1971 und 1973 erfolgte der Umbau zum Moorheilbad.
Die Klosterkirche ist den heiligen Schutzengeln geweiht und baulich eine Nachbildung der Grazer Kapuzinerkirche. Seitlich angebaut ist eine Loretokapelle mit der Schwarzen Madonna.

Josefkirche
Oberhalb des Moorbades steht die 1685 erbaute Josefkirche mit außergewöhnlich farbenprächtiger Bemalung des gesamten Innenraumes durch Jakob Laub (1956–1960), die Fertigstellung erfolgte 1994.

Im ehemaligen Klostergebäude ist das Moorbad Schwanberg untergebracht.

Stainz

Die Johannesquelle

Erzherzog Johann schrieb am 13. Juni 1857 über den Säuerling von Trog (Gemeinde Marhof) nahe bei Stainz in sein Tagebuch, daß das Wasser „vom Volk stark getrunken" werde. Bekannt war dieser Säuerling jedoch schon lange zuvor, wie Münzfunde aus der Römerzeit beim Quellenaustritt beweisen. Die Kupfermünzen aus der Zeit von 292 bis 408 n. Chr. wurden allem Anschein nach zur Linderung ihrer Beschwernisse oder zum Dank für Heilungen geopfert. Die Quelle dürfte auch den Slawen nicht unbekannt gewesen sein. Der Stainzbach wird in einer Urkunde vom 24. März 1160 „riuus Stauwenz" genannt, was „Sauerbrunnbach" heißt. 1632 berichtet der Arzt Johannes Franciscus Arquatus, daß bei Stainz eine Schwefelquelle aus einem Holzrohr strömt.

Prof. Anton Franz Reibenschuh schreibt 1889 von einer Gruppe von Sauerquellen, die am rechten Ufer des Sauerbrunnbaches und des Mauseggbaches hervorbrechen:

„Zwei dieser Quellen im Mauseggraben, die Johannes-Quelle und die wenige Schritte südlicher gelegene Nebenquelle, welche bei der Fassung der Quelle mit ersterer nicht zu deren Vortheil vereinigt wurde, sind schon sehr lange bekannt ... Seit Machers Untersuchungen im Herbste 1857 kennt man im Mauseggraben eine dritte und im Sauerbrunngraben ebenfalls drei Sauerquellen in geringer Entfernung von einander, welche jedoch schwer zugänglich sind.

In Dr. Machers ‚Heilquellen Steiermarks', Wien 1858, findet sich von diesen, als Bach-, Wald- und Wegquellen bezeichnet, eine kurze Beschreibung. Eine einfache Lüftung der Ursprungsquelle zeigte jedoch die natürliche Einheit des Säuerlings, der nur in mehrere Einzelquellen sich theilte, so dass die allerorten übliche Aufzählung derselben als ungerechtfertigt erscheint.

1972 wurde die Johannesquelle als „Fontella"-Limonade auf den Markt gebracht.

Die Johannes-Quelle entspringt aus dem bekannten Stainzer Platten-Gneis. Der Hauptgraben, der hoch gegen den Hauptkamm zwischen dem Almkogel und der Reinischkuppe hinangreift, heißt auch seit den ältesten Zeiten ‚der Sauerbrunngraben'. Als Heilquelle wird sie von jeher verwendet, und die Anwohner können ihre Heilkraft in rheumatisch-gichtischen und Unterleibsleiden nicht genug rühmen. Die Quelle ist mittlerweile gefaßt, mit einem Marmorkranz, einem soliden Unterbau und einem Füllpavillon versehen worden. In der Nähe befindet sich ein villenartiges Gebäude, in dem mehrere Badecabinen im Erdgeschosse untergebracht sind, so dass gegenwärtig dort, wo früher Schutt und Gerölle sich befanden, nunmehr am Ende der prächtig angelegten neuen Straße sich eine kleine Curanstalt, ein beliebtes Ziel für die Ausflüge der Stainzer, entwickelte.

Das Wasser der Quelle zeigt, frisch geschöpft, außer der sich ziemlich reichlich entwickelnden Kohlensäure keinen Geruch; bei stärkerem Schütteln in einer halbgefüllten Flasche tritt zuweilen ein eigenthümlicher Geruch von Schwefelwasserstoff auf, der höchstens in Spuren vorhanden sein kann, da er schon nach 20 Stunden nicht einmal qualitativ in dem Wasser der damit gefüllten und hermetisch verschlossenen Flaschen nachzuweisen war. Der Geschmack des Wassers ist der prikkelnde der Kohlensäuerlinge; die Reaction Lakmus röthend.

Da durch die Fassung die Nebenquelle mit der Hauptquelle vereinigt wurde und die ursprüngliche Natur der letzteren, wenn auch nur wenig, eine Änderung erlitt, so ist es erklärlich, dass die Bestimmungen der Temperatur und des specifischen

Die alte Austrittsstelle der Johannesquelle in Bad Sauerbrunn bei Stainz.

Gewichtes in den über die Johannes-Quelle veröffentlichten Analysen Unterschiede aufweisen.

Die Analyse der Nebenquelle, die vor der Fassung neben der Hauptquelle zum Vorschein kam, ergab dieselben Bestandtheile wie in der Johannes-Quelle; die Gewichtsmenge derselben war jedoch geringer. Die Summe der fixen Bestandtheile wurde mit 13.40 in 10000 Gewichtstheilen gefunden, während sie bei der Johannes-Quelle 15.681 betrug. Während die Johannes-Quelle ein kochsalzhältiger, kalkreicher Natronsäuerling ist und auch in die Gruppe der Natrokrenen eingereiht werden könnte, sind die folgenden echte Typen alkalisch-erdiger Quellen."

Märchenhaftes Aussehen haben die Quellengeister in Trog/Stainz, die Angela Stoißer zu sehen vermochte.

Bei einer Untersuchung im Jahr 1860 stellte man folgende Quellen fest: Erzherzog Johann-Quelle, Nebenquelle, Bachquelle (alle im Mausegg-Graben) und im Sauerbrunngraben die versumpfte Waldquelle, die mittlere Waldquelle und Wegquelle. Von der Erzherzog Johann-Quelle wird im 19. Jahrhundert berichtet, daß sie von den Landleuten mit Wein vermischt getrunken wird. Als Heilquelle dient sie bei Schwächekrankheiten. Bereits um 1900 sprach man hier von „Bad Sauerbrunn". Nach 1930 war die Kurdauer in den mit hölzernen Badewannen ausgestatteten Badekabinen auf 21 Tage festgelegt. 1959 wurde ein neues Brunnenhaus mit Flaschenabfüllanlage errichtet. Der Badebetrieb wurde Jahre später eingestellt und 1972 der Flaschenversand der „Stainzer Johannesquelle" forciert und die Limonade „Fontella" auf den Markt gebracht.

1983 kam es zum Kauf des Geländes durch die Gemeinden Stainz, Marhof und Greisdorf, und 1987 wurde der „Verein zur Förderung des Bades Stainzer Johannesquelle" gegründet. Obmann des Vereines ist Notar Dr. Wilhelm Hübner. Geplant ist die Reaktivierung der Quelle in Verbindung mit dem Bau eines Heilbades.

Seit 1935 ist die Johannesquelle als Heilwasser anerkannt. Es handelt sich um einen schwefelhaltigen Calcium-Natrium-Hydrogencarbonat-Säuerling, in dem unter anderem 166,2 mg Alkalien, 300,6 mg Calcium, 34,4 mg Magnesium, 7,88 mg Eisen II, 144,9 mg Chlor und 1296 mg Hydrogencarbonat enthalten sind. Das Wasser wird bei Gicht, rheumatischen Leiden, Rachen-

und Luftröhrenkatarrh, Magen-, Darm- und Leberleiden und Blutarmut angewendet. Als 1870 Peter Rosegger die Quelle kostete, sagte er: „I han mi no ba kan Wossa so guat unterholt'n als wia bei dem Wossa. I wünsch dem Wossa a guate Zukunft."

Trinkbrunnen und Flaschenabfüllgebäude
Direkt neben der Straße sprudelt die Mineralquelle über eine neugestaltete Brunnenanlage hervor, die auch den Zweck, Touristenziel zu sein, hat. Das Wasser rinnt über zwei im Boden eingelassene Becken in den vorbeifließenden Bach.
Das Flaschenabfüllgebäude verfällt. Die darin untergebrachten Maschinen sind zerstört.

Quellengeheimnisse
Eine heitere märchenhafte, ausgeglichene Quelle, die Entspannung bringt. Hier kann man sich schwer konzentrieren. Es wäre notwendig, daß man hier mehrere Tage verbringt, um mit den ungewöhnlichen Energien in Kontakt kommen zu können. Die Quelle treibt ihren Schabernak und ist ein Tummelplatz für Spaßmacher, die primitive Späße bevorzugen.

(Angela Stoißer, 1997)

Das Flaschenabfüllgebäude für die Johannesquelle bei Stainz verfällt.

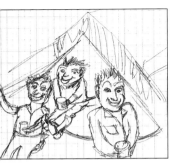

Bei der Quelle in Trog/Stainz tummeln sich Zwerge. Illustration von Herbert Suppan, 1997.

Es handelt sich um eine Zwergenlichtung, wo sich Zwerge tummeln, voll vergnügt und tanzend. Bei der Quelle (Quellhaus) sind drei Zwerge auf dem Dach, die Freude vergießen. Eine bedrückte „weiße Frau" trägt in einer Schale den Überfluß an Freude und Lebenslust und kippt dies in den daneben fließenden Bach. Dies bedeutet, daß sie über alle Maßen leben. Außerdem sehe ich, wie dunkle Energien im Rauchfang sind und hier ihr Unwesen treiben.

(Herbert Suppan, 1997)

Beim Fußbad bei der Quelle herrscht reges Treiben, gedämpfte Fröhlichkeit. Bei der Abfüllstelle erscheint ein Drachen als Hüter der Quelle. Eine große, dunkelhaarige Frau, blaugekleidet mit Goldverzierungen, stolz erhaben mit schwarzen Augumrandungen, an eine Ägypterin erinnernd, erscheint. Sie führt die Sonne, symbolisiert durch einen Löwen, mit sich. Ich breche ab, nachdem ich keinen Kontakt zu dieser Frau bekomme.

(Maria Bunderla, 1997)

Es riecht nach Seife, und das Wasser greift sich auch seifig an. Von diesem Wasser bekommt man warme Füße, und man kann nach einem Fußbad leicht gehen. Die hier herumtreibenden Zwerge lieben Schabernak. Aus dem Wald schauen Augen. Die Quelle ist lachend, überschäumend, archaisch und kraftvoll.

(Maria Posch, 1997)

Wernersdorf

Ein Sauerwasser

Am rechten Ufer der Weißen Sulm, östlich von Wernersdorf, stieß man bei einer Bohrung nach Kohle 1875 in 102 Meter Tiefe auf Sauerwasser.

Wies

Die Seltenriegel-Quelle

Als Heilwasser gegen Krebs sollte dem Volksglauben nach das Wasser der „Seltenriegel-Quelle" bei Wies angewendet werden. Nachdem 1960 zwischen Gaißeregg und Lamberg nördlich von Wies diese Quelle erschlossen wurde, war das Wasser auch unter den Namen „Wieser Wasser" und „Schelch-Quelle" bekannt. Die Anerkennung als Heilquelle erfolgte nicht, jedoch kam es zur gewerberechtlichen Bewilligung. Derzeit wird die

Abfüllung als Tafelwasser unter der Bezeichnung „Selten Riegel" vorbereitet. Bei der Wasseranalyse kam es zur Bezeichnung als „Calcium-Magnesium-Hydrogencarbonat-Akratopege" mit den Inhaltsstoffen Radium, 12,24 mg Calcium, 6,90 mg Magnesium, 1,6 mg Natrium, 11,5 mg Sulfat und 73,22 mg Hydrogenkarbonat. Die Wasseranalyse führte Prof. Dr. K. Höll durch, der 17 wichtige Spurenelemente, eine außergewöhnliche Reinheit, Salzarmut und Dünnflüssigkeit feststellte. Begeistert erklärte Höll: „Eines der besten mir bekannten Gewässer der Welt."

Zur Bezeichnung „Krebswasser" kam dieses Wasser um 1960. Nachdem Grete Zitz an einem fortgeschrittenen Krebsleiden von den Ärzten als Sterbefall aus dem Krankenhaus entlassen wurde, begann sie eine Trinkkur mit dem Wasser aus der Seltenriegel-Quelle, worauf sie von ihrem Leiden erlöst worden sein soll. Auf die Quelle gestoßen ist Karl Schelch bei der Suche nach Kohle.

Quelle und Abfüllhaus
Die Quelle ist im Berg, am Fuße des Seltenriegels, gefaßt, das Überwasser rinnt in den Bach ab. Eine Leitung transportiert das Wasser in das Abfüllhaus.

Unmittelbar nebeneinander treten am Fuße des Seltenriegels bei Wies zwei mineralhaltige Quellen zutage.

Quellengeheimnisse
Hier herrscht eine düstere Energie, mit der Zwei als negative Zahl. Es ist ein Platz, auf dem eine alte Schuld lastet. Da ist keine Heilung zu erwarten, da keine Kraft im Wasser steckt und Gespaltenheit kein Gleichgewicht zuläßt.
Die Quelle sollte durch Rituale geheilt werden. Ich schlage vor, Licht in die Erde zu atmen. (Angela Stoißer, 1997)

Von allen Seiten treten Polaritäten auf. Geht man in die Quelle, kommt man in einen Gang, der sich in der Tiefe in zwei Wege teilt. Hier steht alles und verbreitet Unsicherheit. Es glimmt nur an der Oberfläche der Quelle. (Herbert Suppan, 1997)

Hier herrscht Hochmut. Es tritt die Zahl Zwei auf, es ist unmöglich und brutal. (Maria Posch, 1997)

Ich sitze auf dem Berg hinter der Quelle, angelehnt an einen riesigen, alten Baum. Ein ernstes Gesicht, das mich auffordernd anblickt, taucht im Geäst auf und verschwindet wieder. Nach längerem Bitten, die Quelle möge sich mir zeigen, ihr Wesen kundtun, erscheint ein fröhliches Gesicht. Ich beginne zu singen, werde fröhlich und habe Lust zu tanzen, doch irgend etwas hält mich davon ab! (Maria Bunderla, 1997)

Das Wieser Wasser

Wies

An einem Seitenbach der Weißen Sulm zwischen Gaißeregg und Lamberg in der Gemeinde Wies, nur 30 Meter von der Seltenriegel-Quelle entfernt, wurde 1960 ein Schachtbrunnen, der als **Reiterer-Brunnen** oder **Lukas-Quelle** bezeichnet wird, errichtet. Für das Wasser dieses Brunnens wurde beim Patentamt versucht, den Markenschutz für „Wieser Wasser" zu erhalten. Wegen des hohen Eisengehaltes (10,8 mg), 10,3 mg Calcium, 24 mg Sulfat und 16,8 mg Hydrogencarbonat kam es zur Bezeichnung „Eisenwasser". Es ist eine Ähnlichkeit mit der Hubertusquelle von Bad Gams feststellbar.

Bezirk Judenburg

Das Hungerbrünnlein

St. Georgen ob Judenburg

Mitten im Wald auf dem Gsenachberg beim Roßhäutl auf einem steilen Berghang in Richtung St. Georgen tröpfelt aus dem Waldboden ein kleiner Quell hervor, der von der Bevölkerung als „Hungerbründl" bezeichnet wird. Im Wasser des Hungerbrünnleins steckt menschenstärkende Kraft. Dieses Brünnlein soll auch nahende Katastrophen ankündigen.

Wahrsagende Kraft
Nach langer Trockenheit kann es vorkommen, daß das Hungerbrünnlein immer schwächer wird und schließlich ganz versiegt. Wenn dies der Fall ist, dann behaupten die Leute, daß sicher eine Hungersnot zu erwarten ist und alle Wiesen, Felder und Äcker verdorren werden.

Tief im Wald versteckt tröpfelt das Hungerbrünnlein aus dem Boden hervor.

Bezirk Judenburg

Wenn das Hungerbründl versiegt, steht eine Hungersnot bevor. Illustration von Johann Schleich, 1997.

Ein alter Spruch lautet: „Den Gott besonders liebt, läßt er in St. Georgen zur Welt kommen, denn dort sind guter Boden und das wahrsagende Brünnlein."
Eine ähnliche Sage wird von der Hungerlacke nahe der Pfarrkirche Maria-Hof erzählt: In einer teichähnlichen Vertiefung steht meist Wasser. Trocknet diese aus, so kommt ein gutes Jahr, und ist die Vertiefung gefüllt, kommt ein schlechtes Jahr.

Thalheim

Der Thalheimer Schloßbrunn

Schon die Römer sollen über die Heilkraft der Quellen von Thalheim Bescheid gewußt haben, wird in der Sage berichtet. Tatsächlich bleibt diese Sagenversion jedoch unbestätigt. Der Thalheimer Schloßbrunn ist aber trotzdem als ältestes Heilwasser der Steiermark bekannt. Im 16. Jahrhundert scheinen die Quellen erstmals schriftlich auf, und bereits vor dem Schloßbau durch Franz von Teuffenbach bestand hier eine Badeanlage. Das Schloß „Sauerbrunn" wurde über ein Dutzend Sauerbrunnquellen um 1550 erbaut. 1612 wurde das Schloß in ein Siechenhaus umgestaltet, das 1730 in den Rang eines

„Kaiserlichen Hofspitals" erhoben wurde. Die Brunnenanlage war 1836, als Matthias Constantin Capello Reichsgraf von Wickenburg als Gouverneur der Steiermark die Reinigung des Brunnens anordnete, stark vernachlässigt. Diese Sanierung unterblieb. Graf Wickenburg ist auch als der Begründer des Kurortes Bad Gleichenberg bekannt. Die Thalheimer Sauerbrunnquellen waren zu dieser Zeit bei Unterleibsbeschwerden als heilsam bekannt. Immer mehr verschmutzten und versickerten die Quellen, bis sie nur mehr als „Kropfbründln" geschätzt wurden.

Um 1908 erfolgte die Sanierung, wonach sie wieder wirtschaftlich genutzt werden konnten. Durch die Bildung der Preblauer-Thalheimer Getränke KG mit Sitz in Wien wurde 1967 eine neue Absatzschiene für den Thalheimer Schloßbrunn und die Mineralwasserlimonaden gefunden. Diese Firma wurde 1974 aufgelöst und auf andere Weise weitergeführt.

Die Anerkennung als Heilquelle erfolgte 1957 unter der Bezeichnung „Calcium-Natrium-Magnesium-Hydrogencarbonat- und Sulfat-Säuerling". An Inhaltsstoffen wurden 349,2 mg Natrium, 94,1 mg Magnesium, 461,7 mg Calcium, 370 mg Chlorid, 614,8 mg Sulfat und 1387 mg Hydrogencarbonat

Von vielen Menschen wird der freifließende Schloßbrunn als Heilmittel genutzt.

festgestellt. Eingesetzt wird der Schloßbrunn bei Erkrankungen der ableitenden Harnwege, bei Magen- und Darmkrankheiten und Erkrankungen der oberen Atemwege.

Die Quellen werden als „reifes Wasser" bezeichnet, weil sie unter Eigendruck hervortreten. Paracelsus soll über die Thalheimer Quellen gesagt haben: „Trinkt nur, Leute! Es ist gesund!"

Anläßlich der Weltausstellung in Brüssel (1908) wurde die Quellfassung preisgekrönt. Seit 1995 wird das Heilwasser über eine „Grander-Wasserbelebung" abgefüllt. Das im Handel erhältliche Heilwasser ist ein Gemisch aus sieben unterschiedlich mineralisierten Quellen.

Die Entdeckung des Sauerbrunnwassers

Die Römer, die im Gebiet um Pöls siedelten, wählten diesen Platz nach genauesten Überlegungen aus. Die vielen heilkräftigen Quellen, die hier zutage sprudeln, waren anziehend genug, um sich hier anzusiedeln.

Tausend Jahre später zogen die Kreuzritter auf ihrem weiten Weg durch diese Gegend. Sie wußten, daß hier heilkräftiges

Römer, Kreuzritter und Juden nützten den Thalheimer Schloßbrunn. Illustration von Johann Schleich, 1997.

Wasser zu finden ist, das sie zur Genesung ihrer Kranken und zur Stärkung nützten. Sie füllten auch ihre Behälter und nahmen das kostbare Wasser mit auf ihre Reise.

Im Mittelalter lebte in Judenburg ein reicher Jude, der an Aussatz litt und nirgends Heilung finden konnte. Eines Tages hörte er vom Sauerbrunnwasser am Hang unterhalb des Pölshalses, wohin er ging. Nachdem er das Wasser über einige Tage angewendet hatte, wurde er von seiner Krankheit geheilt. Zum Dank ließ er die Sternschanze bauen, die zum Schutz der Quellen dienen sollte.

Die mächtige Sternschanze
Über den Pölshals führt die römische Heerstraße aus dem Murtal über St. Johann am Tauern und Hohentauern ins Palten- und Ennstal. Direkt oberhalb des Schlosses Sauerbrunn steht ein Wehrbau, dessen Grundform ein vierspitziger Stern ist. Die aus Bruchsteinen erbauten mächtigen Mauern haben Schießscharten nach allen Seiten.
Es wird berichtet, daß diese „Sternschanze" zur Zeit des Faustrechtes von einem Ritter von Sauerbrunn, einem berüchtigten

Die mächtige, in der Steiermark einzigartige Sternschanze.

Raubritter, erbaut wurde. Ein ebenso böser Wegelagerer war sein Freund, der letzte Offenburger, dessen Burg – die mittlerweile zur Ruine verfiel – jenseits des Pölshalses auf hochragendem Felsenriff thront. Die beiden Freunde beschlossen eines Tages, sich gegenseitig zu verständigen, wenn fahrende Kaufleute oder andere Reisende auf den Straßen im Anzug seien, damit sie diese gemeinsam überfallen und die Beute teilen könnten. Der etwas höher liegende Pölshals aber verhinderte die Sicht von einer Burg zur anderen. Deshalb beschloß der Ritter von Sauerbrunn, oberhalb seines Schlosses einen steinigen hohen Turm zu bauen, von dessen Spitze aus er die Offenburg sehen könne. Durch Signale wollten sich dann die beiden räuberischen Herren verständigen. Sogleich begann der Sauerbrunner mit dem Turmbau, konnte ihn jedoch nicht vollenden, weil inzwischen der letzte Offenburger für seine vielen Freveltaten vom Teufel auf feuersprühendem Rosse in die Hölle entführt worden war. Auch der Sauerbrunner Ritter entging nicht der verdienten Strafe.

So blieb der geplante Turm, die „Sternschanze", als Wehrbau unvollendet.

Der geheimnisvolle Saal im Schloß Sauerbrunn
Im Schloß Sauerbrunn bei Pöls sollen Schätze verborgen sein. Dies wußte auch ein armes Weib, Mutter eines kleinen Kindes, und sie wollte diesen Schatz heben. Sie ging mit ihrem Kind zur Mittagszeit in das Schloß, durchschritt mehrere große Zimmer und gelangte in einen Gang, von dem man in einen großen Saal sehen konnte. In diesem standen mehrere Fässer, vor der Tür aber lagen glänzende Steine, Gold- und Silbererz. Die Mutter setzte ihr Kind auf eines der Fässer und ging dann wieder vor den Eingang, um die schönen Steine, das Gold und Silber aufzuklauben. Als sie das Schönste ausgesucht und sich die Schürze damit gefüllt hatte, wollte sie ihr Kind wieder nehmen. Aber wie erschrak sie, als sie keine Tür mehr erblickte; sie suchte und suchte, doch vergebens und mußte endlich ohne das Kind das Schloß verlassen.

Im darauffolgenden Jahr, am selben Tag und zur selben Stunde, ging sie wieder in das Schloß, und – siehe da! Sie fand den Saal und auf dem Faß ihr Kind, das ganz munter war und spielte. Die Mutter nahm das Kind und verließ, ohne von den umliegenden zahlreichen Schätzen etwas anzurühren, das Schloß; das Kind war ihr lieber als aller Reichtum. Vor dem Schloß trat ihr plötzlich eine hohe Gestalt in blendend weißem Kleid entgegen, sah Mutter und Kind wehmütig an und verschwand dann ebenso schnell, wie sie erschienen war.

Schloß Sauerbrunn
Im Jahr 1854 kam es zur folgenden Beschreibung: „Wir treten durch das Portal, dessen Wappen und Jahrzahl verwittert sind, in das Schloß Sauerbrunn. Gegen Norden ist der älteste, merkwürdigste und baufälligste Flügel. Ober seinem Tor im Hof ist das Teuffenbach'sche und Schrottenbach'sche Wappen und die Inschrift Franz v. Teuffenbach und seiner Gattin Barbara Schrott von Kindberg 1552. Im ersten Stock ist die Kapelle mit der unbefleckten Empfängnis, hl. Dreifaltigkeit und dem gemalten Wappen des Johann Adam Graf Saurau 1686. Zwei schöne viereckige Fenster erleuchten Chor und Kapelle; in diesem Flügel ist auch der nicht gewürdigte, fast ganz vernachlässigte Sauerbrunnen in einer alten düsteren, von zwei Steinpfeilern getragenen Steinhalle. In einem großen, tiefen, viereckigen hölzernen Becken sprudeln wenigstens zwölf Quellen empor; ihr Wasser ist rein und kalt, überzieht aber die Oberfläche mit einer rostartigen Haut, es ist von säuerlich-salzigem Geschmack. Andere Quellen steigen in einem noch unreineren Kasten nahe dabei empor."

Die Sternschanze
Dieser Wehrbau wurde mit dem Schloß im Jahr 1550 erbaut. Es ist eine befestigungstechnische Spielerei, ein Lehrbau des Kriegsmannes Franz von Teuffenbach, der diese Befestigungstechnik in Nordafrika und in Mittelmeerländern kennengelernt hatte. Der Name kommt vom sternförmigen Grundriß. Vor einigen Jahren wurde diese für die Steiermark einzigartige Wehranlage (in Landesbesitz) renoviert.

Quellengeheimnisse
Ein ausgeglichenes Wasser, bei dem sich die männliche und weibliche Kraft vereint, wobei vor allem die männliche Seite dominiert. Mir zeigte sich ein Energiewesen, in dem alle Kräfte der Quelle vereint sind. (Herbert Suppan, 1997)

Energiewesen aus Thalheim. Illustration von Herbert Suppan, 1997.

Die Quelle hat uns gerufen. Ich denke, daß wir besser heimfahren sollen, weil es schon finster wird. Da höre ich: „Fahren, fahren, fahren!" Die Quelle stellt sich mit einer ganz wunderbaren Melodie vor. Ich sehe eine helle Hauptquelle und mehrere helle Nebenquellen, die rechts dazu kommen. Männliche und weibliche Seite sind gut ausgeglichen. Eher ist die Quelle männlich.

Diese Quelle fließt seit Urzeiten! Sie hat alle Informationen aus der Erdgeschichte gespeichert. Ich höre: „Kreidezeit". Dann sehe ich auf meine Frage nach dem Wesen der Quelle eine Art kindliche Gottheit aus Sandstein geschnitzt.

Dann sehe ich einen schwarzen dreieckigen Wimpel.

Ich schaue, wer den Wimpel in der Hand hat. Es ist ein Ritter mit einer silberstrahlenden Rüstung. Der Ritter zeigt sich positiv. Der Wimpel scheint die dunklen Kriegsideen zu repräsentieren. Die Harmonie dieser Quelle, die leicht und freudig die Bilder zeigt, zeichnet ein ausgewogenes Muster.

Schließlich sehe ich einen Berg mit einem nach hinten versetzten Tor. Das Tor ist ein weißer Stein. Ich versuche das Tor zu schieben. Das gelingt nicht.

Als ich das Tor nach außen öffnen möchte, erscheinen zwei große eiserne Ringe. Mit ihrer Hilfe läßt sich das Tor öffnen.

Drinnen liegen viele Tote oder fast tote alte Menschen (Siechenhaus). (Angela Stoißer, 1997)

Die Knödlquelle

Thalheim

Neben den Quellaustritten im Keller des Schlosses Thalheim treten unterhalb des Schlosses mehrere mineralisierte Quellen zutage. Im Talboden der Mur, 600 Meter südöstlich vom Schloß, entspringt ein Säuerling, der im Volksmund als „Knödlquelle" bekannt ist. Über der Quellfassung steht eine Holzhütte, und der Abfluß rinnt in einen Auwald, der völlig vernäßt ist, was wiederum auf weitere Sauerwasserauftriebe schließen läßt. Die Wasserbeschaffenheit ist dem Schloßbrunn ähnlich. Das Quellwasser wurde von den Hausfrauen der Region für das Kochen der Semmelknödel verwendet, da diese durch das mineralisierte Wasser locker wurden und „schön aufgingen".

Bezirk Knittelfeld

Der Fentscher Sauerbrunn

Vom einstigen Glanz, der den Fentscher Sauerbrunn am Fuße des Sulzberges (Gem. St. Marein) umgab, ist nur mehr ein mineralisierter Teich vorhanden. Der Sauerbrunn war bereits 1858 als kropfheilend bekannt. Genutzt wurde das scharf und säuerlich schmeckende Wasser seit undenklichen Zeiten. Ob die Römer bereits dieses kostbare Wasser kannten, bleibt eine Spekulation. Der Ortsname Fentsch könnte vom lateinischen *fons/fontis*, was Quelle oder Brunnen bedeutet, abgeleitet worden sein. Der Flaschenversand begann 1876. Zu dieser Zeit bestanden die Fentscher Quelle (Quelle I), die St. Lorenz-Quelle (Quelle II) und die Quelle III. Die Sauerwassernutzung erfolgte bis 1960.

Fentsch/ St. Marein

Bis 1960 wurde die Fentscher Quelle wirtschaftlich genutzt.

Die St. Lorenz-Quelle galt als „Unicum in Europa". Empfohlen wurde sie zur Anwendung bei Zuständen, die bei mangelhafter Blutmischung auftreten, bei Bleichsucht, bei Hämorrhoidalblutungen, Magenkatarrhen und Darmerkrankungen und vor allem bei Kröpfen. Ab 1934 wurde der Fentscher Sauerbrunn mit der Unterbezeichnung „Tafelquelle" vertrieben. Der Joditgehalt in der Fentscher Quelle lag bei 1,4 mg, in der St. Lorenz-Quelle 0,7 mg und in der Quelle III 1,6 mg.

Knittelfeld

Der heilige Agnesbrunnen

Auf dem Hermannskogel bei Knittelfeld tritt eine Quelle zutage, deren Wasser zur Sommersonnenwende, in der Johannisnacht, zu Ostern am Karfreitag und zu Pfingsten besondere Heilkraft haben soll. Das sogenannte Agnesbrünnlein ist nach der heiligen Agnes benannt. Dem Wasser wird Heilkraft bei Augenleiden, weissagende Kraft und Hilfe beim Lotteriespiel nachgesagt.

Von der heiligen Agnes erweckt
Die heilige Agnes lebte im Hermannskogel in einem unterirdischen Kristallpalast. Eines Tages trat sie aus ihrer unterirdischen Bergwelt hervor. Sie war in ein halb schwarzes und halb weißes Gewand bekleidet. Langsam schritt sie zur naheliegenden Quelle und begann dort, ihr schwarzes Haar zu waschen. Somit wurde dieser Quell zur heiligen Quelle mit heilkräftiger Wirkung bei Augenleiden erweckt.

Das Wunderbründl beim Brunnerkreuz

Auf dem Nordostabhang des Tremmelberges bei Knittelfeld stand beim heilkräftigen Wunderbründl bis 1929 das Brunnerkreuz, das einst Brunnenkreuz hieß. Viele Opfergaben zeugten in der Kapelle von der Heilkraft dieses Brunnens. Vor allem wurden wächserne Abbildungen von Augen, Wickelkindern, Pferden, Schweinen, Rindern, Häusern, Bienenkörben, Händen und Kröten, die unterleibskranke Frauen weihten, geopfert. Noch vor nicht allzulanger Zeit kamen am frühen Morgen des Sonnwendtages Wallfahrer zur Quelle, die hier ihre Augen auswuschen. Noch heute wird dieses Wasser bei Augen- und

Halb schwarz und halb weiß gekleidet wusch die hl. Agnes ihr Haar im Quellwasser. Illustration von Mag. Roswitha Dautermann, 1998.

Frauenleiden angewendet. Der „Heilige Brunn" ist seit 1594 nachweisbar.

Gegenüber vom Brunnerkreuz erhebt sich der Nickelberg, der im steirischen Wortschatz so viel wie „kleines, niedliches Wesen" bedeutet. Aber auch die Hexen bezeichnen den Teufel als „Nickel". Es könnte auch sein, daß es sich um einen Koboldberg handelt.

Eine tragische Liebesgeschichte
Nordwestlich von Knittelfeld führt ein schmaler Fußsteig zu den Höhen des Tremmelberges hinauf. In diesem Wald befindet sich die Behausung des vulgo Brunner. Unmittelbar davor erblickt man ein gemauertes Kreuz mit einem mächtigen Birnbaum und einem Brunnen. Dieses Brunnerkreuz genießt bei der Bevölkerung des unteren Murbodens einen vor allem mirakulösen Ruf. Was diesem Brunnerkreuz jedoch eine besondere Bedeutung verleiht, ist eine schauerliche Sage. Ein auf Holz gemaltes Votivbild zeigt eine vom nächtlichen Dunkel umgebene weißgekleidete, geisterhafte Frauengestalt mit einer glühenden Sichel in der erhobenen rechten Hand, welche einem Jäger winkt, der erstaunt auf die Gestalt und auf ein mit dem Oberleib aus dem Erdboden hervorragendes Kindlein blickt. Unter diesem Bild liest man: „Der Geist führte den Jäger Romuald an den Ort, wo das Kind vergraben war 1402."

„Vor 600 Jahren stand im Ingeringgraben, ungefähr ein und eine halbe Stunde ober der sogenannten Holzbruckmühle, eine Sensenschmiede, deren Besitzer große Reichtümer, aber nur eine einzige Tochter besaß, welche Margaretha hieß. Margaretha war ein wunderschönes Mädchen, das allen jungen Männern, sowohl den Burschen auf dem Land als auch den feinen Herrchen aus der Stadt, die Herzen im Leib höher schlagen ließ. Viele, die Angesehensten und Reichsten aus der Umgebung, versuchten ihr Herz zu gewinnen und warben beim Vater um ihre Hand. Margaretha wies alle Anträge zurück, und dem Drängen ihres Vaters, der den einen oder anderen Bewerber begünstigte, wußte sie gut auszuweichen, indem sie erklärte, sie sei 17 Jahre alt und zum Heiraten sei noch lange Zeit genug. Margaretha liebte einen jungen Sensenschmied, der in ihres Vaters Diensten stand. Niemand hatte von diesem Liebesverhältnis die leiseste Ahnung, denn Margaretha und ihr Herzallerliebster waren vorsichtig.

Nun aber geschah es, daß Margaretha Mutter werden sollte, und es drohte die Gefahr, daß ihre Schande offenkundig würde. Um jedoch dieser zu entgehen, wußte sie ihren Vater zu beeinflussen, daß er ihr gestatte, den Sommer auf einer der vielen ihm gehörigen Almen zu verbringen. Margaretha bezog nun in Begleitung einer verschwiegenen, ihr treu ergebenen Magd eine Sennhütte und wartete hier auf die Geburt ihres Kindes.

Der Erwählte ihres Herzens aber ging unter die Soldaten. Er wollte sich Ruhm und Ehre erwerben und dann wiederkommen.

Als Margaretha erfuhr, daß ihr Geliebter aus der Gegend verschwunden war, glaubte sie sich von ihm treulos verlassen. Sie fluchte dem Pfand ihrer Liebe, das sie unter dem Herzen trug, und als sie kurze Zeit darauf ein Knäblein gebar, trug sie dieses zur mitternächtlichen Stunde tief in den Wald, tötete es mit einer Sichel und vergrub die Leiche an der Stelle, wo jetzt das Brunnerkreuz steht.

Margaretha kehrte wieder zurück in das Haus ihres Vaters. Bald versammelten sich in diesem neuerdings zahlreiche Bewunderer ihrer Schönheit und Bewerber um ihre Hand. Sie aber blieb kalt gegen alle Huldigungen. Und in stürmischen Nächten, wenn die Windsbraut gräßlich heulte, da zog es sie um die Geisterstunde mit magnetischer Gewalt, ohne daß sie zu Bewußt-

Dort, wo Margaretha ihren Knaben mit der Sichel tötete, wurde später das Brunnerkreuz errichtet. Illustration von Reinhard Tatzgern, 1998.

sein kam, gleichsam im Traum, hin in den dunklen Wald zu der Stätte, wo ihr Kind vergraben lag, und sie scharrte mit einer Sichel das Grab auf. Doch des anderen Tages, wenn sie sich von ihrem Lager erhob, konnte sie sich des in der Nacht Vorgefallenen gar nicht oder nur wie eines Traumes entsinnen. Aber einige Wurzelgräber und Kräutersammlerinnen, denen sie auf ihren nächtlichen Waldgängen begegnete, hatten sie erkannt, und bald munkelte man in der ganzen Gegend, des reichen Sensengewerken Tochter Margaretha wandle zur stürmischen Nachtzeit im Wald umher, angezogen mit einem weißen, im Wind flatternden Gewand und mit einer glühenden Sichel in der Hand.

Auch Romuald, der Sohn des im naheliegenden Jagdhaus wohnenden Försters, hatte von dem Gerücht gehört. Allein es war ihm unmöglich, daran zu glauben, denn Margaretha sah so schön und unschuldsvoll aus, ihren Augen blickten ihn immer so treuherzig an. Er erblickte in dem Gerede nur eine absicht-

Wie von einer magischen Gewalt angezogen ging Margaretha mit der Sichel in den Wald, wo sie das Grab aufscharrte. Illustration von Reinhard Tatzgern, 1998.

liche Verleumdung, die einer der von ihr abgewiesenen Bewerber aus Rache ausgesprengt, und bemitleidete das arme Mädchen, dessen guter Ruf so sehr im Mund der Leute verunglimpft wurde. Und so kam es, daß Romuald Margaretha herzlich zugetan wurde und sie liebte. Aber auch Margaretha gefiel der junge, schöne Mann in der kleidsamen Jägertracht. Die beiden schlossen einen Liebesbund und weihten ihre Väter in ihr Herzensgeheimnis ein. Diese willigten ein, und der Hochzeitstag wurde anberaumt.

Wenige Tage vor der anberaumten Trauung ging Romuald auf die Pirsch, um einige Stück Rotwild zu schießen. Es gelang ihm, einen stattlichen Zwölfender zu erlegen. Auf dem Heimweg, den er sehr spät gegen Mitternacht antrat, überraschte ihn ein heftiges Ungewitter, und er stellte sich unter einen Baum, um abzuwarten. Da erblickte er zwischen den Bäumen eine weiße Gestalt. Diese kam näher, und mit Schrecken erkannte er Margaretha, seine Braut, in weißem Nachtgewand, mit aufgelösten Haaren und einer blinkenden Sichel in der Hand. Sie schritt auf Romuald zu und winkte ihm, ihr zu folgen. Sie blieb vor einem Baum stehen, kniete unter diesem nieder und begann, mit der Sichel die Erde aufzuscharren. Plötzlich durchzitterte das nächtliche Schweigen des Waldes ein metallischer Klang. Da richtete sich mit Blitzesschnelle die gespenstische Gestalt Margarethens auf und schlug die Sichel in den Baum.

Romuald hörte noch einen Aufschrei, und die Gestalt war verschwunden. Entsetzt über das soeben Erlebte und vor Aufregung an allen Gliedern zitternd, eilte Romuald, ohne sich weiter umzusehen, nach Hause. Und als am anderen Morgen ihn sein Vater aus dem Schlaf wecken wollte, fand er seinen Sohn gefährlich krank darniederliegend.

Kaum hatte Margaretha die gefährliche Erkrankung ihres Verlobten vernommen, eilte sie rasch an sein Krankenbett. Als Romuald seiner Geliebten ins Auge blickte, konnte er nicht glauben, daß sie es gewesen war, die ihm zu mitternächtlicher Stunde erschienen war. Er vermochte es nicht, ihr das Entsetzliche, das ihm begegnete, zu sagen. Als sich jedoch nach einigen Tagen sein Zustand gebessert hatte, so daß er einen Gang ins erfrischende Freie wagen durfte, ersuchte er Margaretha, ihn zu begleiten. Diese willigte mit Freuden ein, und Arm in Arm wandelten sie durch den dunklen Fichtenwald, dessen würzigen Hauch Romuald mit sichtlichem Behagen einatmete. Ohne daß Margaretha es ahnte, hatte Romuald sie auf Kreuz- und Querwegen in die Nähe jenes Plätzchens geführt, wo sie ihr Kind vergraben und bei ihrem nächtlichen Zusammentreffen mit Romuald die Erde mit der Sichel aufgescharrt hatte. Kaum aber fielen Margarethens Blicke auf den frisch aufgescharrten Grabhügel und auf die Sichel, die noch im Baum steckte, als sie auf das furchtbarste erschüttert zusammenbrach und sich sträubte, weiterzugehen. Romuald aber erfaßte mit starkem Griff ihren Arm und, sie aufhebend, fragte er mit gebietender Stimme: ‚Was hast du Entsetzliches verbrochen, daß du gleich dem Geist eines Abgeschiedenen, der im Grab keine Ruhe finden kann, zur mitternächtlichen Stunde hier wandelst? Was liegt unter jenem Erdhügel begraben, den du mit der Sichel, die in deiner Hand glühend rot ward, aufscharrtest?'

Tief zerknirscht gestand nun Margaretha das furchtbare Verbrechen: ‚Umsonst suchte ich durch reumütiges Gebet und durch heiße Tränen den Himmel zu versöhnen; es träumte mir, daß ich stets in schauerlichen Gewitternächten hierher wandelte, was, ohne daß ich es bisher wußte, in Wirklichkeit geschah. Der Himmel verlangt Vergeltung, und ich will die Tat mit meinem Blut sühnen! Nur eine Bitte habe ich an dich, mein Romuald, begrabe mein Kind in geweihter Erde!' Hierauf erhob sie sich und eilte durch das Dickicht des Waldes in die Stadt, wo sie sich dem Gericht als Kindsmörderin bezeichnete und reumütig um strenge Bestrafung ihres Verbrechens bat.

Das Urteil des Bannrichters lautete auf Hinrichtung durch das Schwert. Reuevoll bot Margaretha ihren Nacken dem Scharfrichter dar, der mit sicherem Hieb ihr schönes Haupt vom Körper trennte."

Romuald erfüllte Margarethens letzte Bitte, das Kindlein in geweihter Erde zu bestatten und an der Stelle, wo es früher begraben war, ein hölzernes Kreuz zu errichten. Zur Zeit der Christenverfolgung haben sich Hirten hier in der Waldeseinsamkeit zusammengefunden und ihre Andacht verrichtet. Bis zum Jahre 1854 stand hier das hölzerne, von Romuald gesetzte Kreuz.

Die Quelle beim Gasthof Spitzer

Preg/
St. Lorenzen

Dem Quellwasser wird geringfügige Heilkraft zugesprochen.

Quellengeheimnis
Die Quelle zeigt sich breit fließend. Die linke Seite ist glitzernd, heilend für die linke, die weibliche Seite.
Ich habe das Bedürfnis, meinen linken Fuß ins Wasser zu stecken, da ich fühle, daß hier Schmerzen vergehen.
Weiters sehe ich eine unvollständige Hand in einem dunklen Spalt. Bei tiefer Meditation zeigt sich das Mystische dieses Platzes. Ich sehe eine madonnenhafte Mutter mit einem Kind am Arm, das sich eng an die Mutter schmiegt. Es ist eine wunderschöne Frau aus Schwarzafrika mit Tragetuch. Ich sehe auch eine Krone, wie sie die Mariazeller Madonna trägt.
(Angela Stoißer, 1997)

Die Emmaquelle

Rachau

Mit „Wannen-Douche- und Fichtennadel-Bädern" wurde die Rachauer Emmaquelle bereits im 19. Jahrhundert genützt. Die Quelle liegt auf dem Grundstück 528/2 der Katastralgemeinde Rachau. Unter den Inhaltsstoffen sind 6,8 mg Calcium, 5 mg Magnesium und 18,2 mg Sulfat.

Der Sauerbrunn

Raßnitz

Als Heilquelle wird der Säuerling im Raßnitzgraben bei Knittelfeld schon seit undenklichen Zeiten von der Bevölkerung dieser Gegend genützt und geschätzt. 1858 wird berichtet, daß der Raßnitzer Sauerbrunn vom Landvolk mit Wein getrunken wird. Zutage tritt die Quelle am linken Ufer 250 Meter aufwärts der Einmündung eines rechten Seitenbaches in den Raßnitzbach nördlich von Knittelfeld bei Raßnitz. Drei kleine Quellaustritte versumpfen die Umgebung.

Bei der Sebastianikirche steht die 1812 errichtete Kapelle, in der aus der Lourdesgrotte die Heilquelle hervorsprudelt.

Bezirk Leoben

Die Quelle in der Lourdesgrotte
Kalwang

Nordwestlich von Kalwang, am Abhang des Sonnberges oder Sebastianiberges, wie er im Volksmund heißt, steht neben der Filialkirche zum heiligen Sebastian eine Kapelle mit der Lourdesgrotte, in der ein Heilquell hervorsprudelt. Dieser Quell tritt am Fuße der Statuen der Heiligen Maria und Bernadette zutage. Das Wasser, dem besondere Heilkraft zugesprochen wird, dient beim „schlecht Sehen" zum Augenauswaschen. Aber auch getrunken wird es bei diversen Krankheiten angewendet. Vereinzelt werden damit erkrankte Körperteile gewaschen. Beim Quellenursprung sollen besonders strahlenempfindliche Menschen eine starke Strahlkraft verspüren. Verehrt wird sowohl das Heilwasser als auch die Muttergottes. Von der Heilkraft des Wassers zeugen Votivbilder, die in der Sebastiani-Kirche angebracht sind. Bezeugt ist auch, daß ein Mann mit einer schweren Schädelverletzung im Krankenhaus lag und seine Frau Wasser von der Lourdesgrotte holte und damit diese Verletzung ausheilte. Immer wieder wird von Marienerscheinungen bei der Grotte berichtet.

Sebastianikirche
Dabei handelt es sich um einen spätgotischen Bau, der um 1700 umgebaut wurde. Das Rokoko-Portal ist mit 1776 datiert. Im Inneren zeigen Bilder die Schutzmantelmadonna und die Schutzmantelbarbara mit Bergknappen aus dem 18. Jahrhundert. Bemerkenswert sind die Votivbilder, die mit 1763 und 1766 datiert sind. Abgekommen ist eine Wallfahrt zur Kirche am Sebastianitag. Jetzt kommen Wallfahrer am Pfingstmontag von Kalwang zur Danksagung hierher, weil ihr Vieh einst von einer schrecklichen Seuche verschont wurde.

Kapelle mit Lourdesgrotte
Sebastianikirche und Kapelle sind durch den steil bergwärts führenden Weg getrennt. Das Kapelleneingangstor ist mit 1812

datiert. Im Grottenaltar steht eine Lourdes-Muttergottes. Knapp über dem Boden sprudelt das Heilwasser aus einer Grottenhöhlung hervor. Die Wände sind mit Heiligenbildern und einfachen Votivbildern geschmückt.

Quellengeheimnisse
Diese weibliche Quelle zeigte sich mir mit einer Frau, die aus dem Wasser steigt. Dahinter erscheint ein dunkles Wesen. Die Frau verkörpert als Erdwesen die Erde. Das Gesicht ist tief zerfurcht und weist alte Verletzungen auf. Das dunkle Wesen ist Symbol für diese Qualen. (Herbert Suppan, 1997)

In der Lourdesgrotte ist die Energie sehr dicht und wechselt alle 80 Zentimeter. Irgend etwas stimmt hier nicht. Ich sehe ein Rohr, das außen glitzert. Aus dem Rohr fließt weißes Wasser, das schwarze Strähne hat. Ich gehe mit meinem Bewußtsein in das Wasser hinein. Die Strömung ist so stark, daß ich kaum in Richtung Quelle vorankomme. Ich komme an ein Tor, das verschlossen ist. Ich kann zur Quelle nicht kommen.
Ich sehe eine Frauengestalt ohne Kopf in der Strömung liegen, die hat nichts Heiliges an sich. Ich versuche an den Bildern etwas zu ändern, eine schöne Frau mit Kopf zu sehen. Es gelingt nicht. Später verstehe ich warum. Es handelt sich um physikalische Blockaden. (Angela Stoißer, 1997)

Leoben — Maria Kaltenbrunn

Im Gößgraben bei Leoben (Kaltenbrunnertal) wurde über eine alte „heilige Quelle" mit Heilkraft für verschiedene Krankheiten eine Kapelle gebaut. Zu der einst vielbesuchten kleinen Wallfahrtsstätte „Kaltenbrunn" kamen unzählige gläubige Pilger, die hier beteten und sich die Augen und kranke Körperteile wuschen. Das heilende Wasser tritt hinter der Kapelle in einer einfachen Grotte, direkt aus dem Berg kommend, hervor.

Kapelle Maria Kaltenbrunn
Erbaut wurde die Wallfahrtsstätte 1832/33 in neugotischer Form. 1873 erfolgte die Erneuerung nach dem Plan von Johann Graus und August Ortwein mit Glockenturm. Am Altar steht

eine Marienstatue mit Kind (15. Jh.). Beide sind gekrönt und von einem neogotischen Rahmen begrenzt. Seitlich davon stehen zwei Engel.

Am Kapelleneingang befindet sich folgendes Gedicht:
Oh Wanderer halte still
die Kapelle dich zum Himmel weisen will.
Maria auf dem Weg,
komm zu uns.
Sprich zu uns von deinem Glauben,
künde uns von deiner Freude.
Die von Gott bewegte,
sei mit uns auf dem Weg.

*Bild links:
Bereits als Kind besuchte Eva Schleich das Augenheilbründl Maria Kaltenbrunn.*

*Bild rechts:
Verehrt wird neben dem heilkräftigen Wasser auch die Statue Maria Kaltenbrunn.*

Das „Wie lieb bist du …" befindet sich im Kapelleninneren:
Wie lieb bist du, Maria Kaltenbrunn
du wohlgeborene Mutter voller Gnaden
Wie oft hast du im flüchtigen Lauf der Zeit
der frommen Pilger Schar zu dir geladen.
So mancher, der von bitterem Leid gequält,
sich elend fühlte und von Gott verlassen:
in der Kapelle hier vor deinem Bild
konnt' er in Andacht neue Hoffnung fassen.
Sieh, wieder andere kommen zu dir her,
um dunkle Sündenschulden zu bekennen –
und nicht umsonst! Nach wahrhaft tiefer Reu'
darf dich der Schlimmste wieder Mutter nennen!
Und wieviel Kranke sind's, die sorgenschwer
den Weg zu dir vertrauensvoll gefunden!
Mit mildem Blick empfahlst du sie dem Herrn –
und auf dein Wort hin ließ er sie gesunden!
O zeig auch uns, Maria Kaltenbrunn,
in diesen trüben, gottesfernen Tagen
dein hilfsbereites, liebes Mutterherz,
damit wir armen Menschen nicht verzagen!

An den Kapellenseitenwänden wurden außen Überdachungen angebracht, unter denen Beichtstühle stehen. Heilige Messen werden hier vom 1. Mai bis 31. Oktober gelesen.

Quellengeheimnisse
Die Quelle ist weiblich, die in sich viele menschliche Energien vereinigt. Dieser Quellengeist leidet unter männlichem Energiedruck. Der Quellengeist zeigt sich als Frau, der die Brüste fehlen und die mit einem Schleier ihre Weiblichkeit verhüllen und so eine Männlichkeit vortäuschen will. Die Balance der Quelle fehlt. (Herbert Suppan, 1997)

Die Quelle ist nicht im Gleichgewicht und somit eine verletzte Weiblichkeit. Im Vordergrund steht die alte Madonnenfigur mit Kind in der Kapelle. Weißes Licht fließt über die untere rechte Seite. Die linke Seite ist unten dunkel – verlorene Weiblichkeit. Es kommt ekstatische Freude hoch, die aber sofort gebremst

Im Antoniusbrunnen steckt weissagende Kraft.

wird und nicht sein darf. Das Kind hebt den Arm und verdeckt etwas.

Maria und Kind erscheinen in einer anderen Form – edler. Das Kind beginnt zu leuchten und dreht sein Gesicht dem mütterlichen Gesicht zu. Ich visualisiere glitzerndes Licht auf der dunklen, unteren Seite. Da erscheint über dem Haupt ein Strahlenkranz. Manche Orte nehmen Heilgedanken gerne an, dieser Ort ist so einer.

Maria und Kind erscheinen in einer dritten Form – diesmal ganz besonders edel. Ich sehe sie sehr plastisch, besonders die Brüste. Ich frage, warum die linke Seite so dunkel war. Die Antwort: „Sie hat sich verliebt und dadurch ihre Weiblichkeit verloren."

Ein zweites Mal wird mir Freude gezeigt, die nicht durchkommt. Radiästhetisch ist gleich nach der Brücke, vor der Kapelle, ein Gnadenplatz. (Angela Stoißer, 1997)

Radmer

Der Antoniusbrunnen

Bei der Wallfahrtskirche zum hl. Antonius von Padua in Radmer steht der Antoniusbrunnen. Es handelt sich um einen höchst wundersamen Brunnen, in dem weissagende Kraft steckt. Das Brunnenbecken wird von der Statue des hl. Antonius überragt.

Der Brunnen wird vorwiegend von jungen unverheirateten Mädchen und Burschen aufgesucht, die nach einem Lebenspartner Ausschau halten. Es wird erzählt, wenn man einen Schluck vom Brunnenwasser trinkt und den Brunnenheiligen anruft, kann man am Boden des Brunnens das Antlitz des zukünftigen Ehepartners sehen.

Aber auch Verlorenes hilft dieser Brunnen wiederzufinden. Dafür ist es notwendig, daß man rückwärts über die Schulter eine Münze in den Brunnen wirft und intensiv an das Verlorengegangene denkt. Dann erfährt man, wo das verlorene Stück zu finden ist.

Bezirk Leibnitz

Das Portugall-Bründl im Bürgerwald
Arnfels

Im Bürgerwald bei Arnfels entsprang eine Quelle, deren Wasser von den Bauern dieser Gegend als gesundes Wasser hoch geschätzt war. Diese Bauern holten von diesem Quell auch alles Wasser, das sie zum Kochen brauchten.

Peter Stelzl berichtet über diese Quelle:
Zwischen 1700 und 1850 kamen viele Grundstücke der Grafen von Cilli, des Grafen Haimburg und der Herrschaft Arnfels zur Aufteilung und zum Verkauf an Leute in Arnfels. Auch der „Bäck" Bernhard Portugall, der am Arnfelser Kirchplatz eine Backstube und einen Verkaufsladen betrieb (Nachfolge Bäckerei Stelzl), erwarb einen Waldstreifen im sogenannten „Bürgerwald", oberhalb der „Waldschenke Strablegg". Hier war eine Quelle. Viele Holzdiebe waren in dieser Gegend am Werk, die wie „wild die Bam" in den Nachtstunden schlägerten. Bei der Quelle, die im Volksmund „Portugall-Bründl" hieß, holten die Holzarbeiter das Wasser zum Trinken und Kochen. Eines Tages erklärte Bernhard Portugall lautstark am Hauptplatz von Arnfels, daß von nun an nur mehr ehrliche Bürger von seiner Quelle Wasser holen dürften. „Wenn ein Holzdieb von diesem Wasser trinkt, wird er nach wenigen Wochen sterben", rief er in die Menge. Zwei Holzfäller, die als Holzdiebe bekannt waren, verstarben danach. Von nun an getraute sich niemand mehr, Wasser von dieser Quelle zu holen. Die Quelle versiegte im Lauf der Jahre.

Das Leonhardbründl
Gabersdorf

Bereits 1318 begann die Leonhardverehrung in Gabersdorf. Schon damals kamen Pilger zur kleinen Holzkapelle neben dem „Leonhardbründl", um um Schutz für das Vieh zu beten. Das Wasser dieser Quelle soll Heilkraft bei Augenleiden haben und Schutz vor Tierseuchen bieten. Besonders am Leonharditag kommen viele Wallfahrer in die Kirche und zur Heilquelle.

Das Augenheilbründl in Gabersdorf
Bis nach Ungarn verbreitete sich die Kunde, daß das frische Quellwasser beim Leonhardbründl in Gabersdorf Augenleiden heilt. Und so pilgerten zwei ungarische Gräfinnen, die erblindet waren, zu diesem Bründl und wuschen sich mit dem Wasser mehrmals die Augen. Beide erhielten danach ihr Augenlicht zurück und konnten sehend auf ihren Besitz in Ungarn zurückkehren. Damals stand beim Quell eine kleine Holzkapelle, wo auch die ersten Leonhardverehrungen stattfanden.

Das Pfingstwasser
Gleinstätten

Bei Gleinstätten wird am Pfingstsonntag vor dem Sonnenaufgang das „Pfingstwasser" geschöpft und nach Hause getragen. Mit diesem Pfingstwasser wird das „Heiligengeist-Dampfl", der Sauerteig, der für die Brotzubereitung benötigt wird, angemacht. Damit verbunden ist der Glaube, daß die wunderbare Heilkraft des Wassers über das Brot auf den Menschen übertragen wird. Das Pfingstwasser gilt gleich wie das Johannis- und Dreikönigswasser als Heilmittel.

Der Hengsberger Sauerbrunn
Schrötten/ Hengsberg

Seit 1851 wissen wir über den Säuerling von Hengsberg, der in der Katastralgemeinde Schrötten zutage tritt, genauer Bescheid. Bei einer Suchbohrung nach einem Kohlenlager (um 1844) stieß man auf die Quelle. 1851 war der Sommer wieder einmal besonders trocken, und so nutzten die Rinder eines Bauern den unbeachtet gebliebenen Quellaustritt zum Löschen ihres Durstes. Bei einer ersten Untersuchung stellte Dr. Unger „eine salzhaltige Quelle" fest. Danach errichtete ein Bauer über der Quelle eine Holzhütte. Mit der Flaschenabfüllung des Hengsberger Säuerlings wurde bereits vor 1890 begonnen.
Die Anerkennung als Heilquelle erfolgte 1966 als „Natrium-Hydrogencarbonat-Chlorid-Säuerling" hypotonischer Kon-

Die Betriebsanlage für die Nutzung des Hengsberger Sauerbrunns verfiel.

zentration für Trinkkuren. Die Wassercharakteristik wird durch die Inhaltsstoffe (Auszug) von 1676 mg Natrium, 63,3 mg Calcium, 49,5 mg Magnesium, 808,3 mg Chlorid und 3552 mg Hydrogencarbonat bestimmt. Empfohlen wird der Hengsberger Sauerbrunn zur Behandlung bei Magengeschwüren, Magenübersäuerung, Entzündungen der Darmschleimhaut und bei entzündeten Gallenwegen. Vom Volk wird das Wasser als kropfheilendes Wasser hoch geschätzt. Die Wasserschüttung wurde so gering, daß die wirtschaftliche Nutzung eingestellt werden mußte.

Der Annabrunn

Kaindorf a. d. Sulm

Das Quellwasser der Annabrunnkapelle in Kaindorf an der Sulm soll heilkräftige Wirkung bei Augenleiden haben. Die einst vielen Hilfesuchenden, die hierher kamen, benetzten mit dem „Annabrunn" ihre Augen.

Der Annaquell heilte ein blindes Mädchen
Von Tillmitsch aus ging eine Wallfahrergruppe mit einem blinden Mädchen nach Grottenhof zum Annabründl. Plötzlich,

mitten auf der Wegstrecke, war das Mädchen verschwunden, und alles Nachsuchen blieb erfolglos. Die Wallfahrer gingen nun zum Annabründl weiter, wo sie das Mädchen an der Quelle sitzen und sich mit dem Wasser die Augen auswaschen sahen. Die heilige Mutter Anna hat sie hierher geführt, und das Wasser heilte sie von ihrer Blindheit. Der Quell war schon lange als Heilquelle bekannt, und weil man immer wieder hörte, daß Kranke von der Mutter Anna hierher geleitet wurden, nannte

Das Heilwasser tritt unter der Annabrunnkapelle zutage.

man ihn Annabrunn. Das von ihrer Blindheit geheilte Mädchen wurde Schneiderin in Graz. Sie sah so gut, daß sie sogar die Zahlen auf jeder Kirchturmuhr lesen konnte.

Mithraskult beim Annabründl
Seit Jahrtausenden wird das heilkräftige Wasser des Annabründls von Menschen als Heilwasser genutzt. Zur Zeit, als in Flavia Solva die Römer lebten, wurde bei der Quelle Gott Mithras verehrt.

Annabrunnkapelle
Erbaut wurde die Kapelle an der Stelle einer verfallenen Holzkapelle nach einem Gelübde des Kaindorfer Bürgermeisters Oswald Frühwirth im Jahr 1957. Die große Kapelle mit Glockenturm ist einfach ausgestattet. Das Altarbild „Anna lehrt Maria" malte eine Frau Fossl. Zwei Glasfenster sind den Heiligen Isidor und Urban gewidmet. Unter dem Altar befindet sich die Brunnengrotte mit einer Anna-Statue und der in Mauern gefaßten Heilquelle. Am 26. Juli kommen Wallfahrer hierher und feiern gemeinsam die hl. Messe.

Die Annabrunnkapelle in Kaindorf bei Leibnitz ist Ziel unzähliger Wallfahrer.

Für die Kapellenweihe 1957 verfaßte Alois Mirtler den Text für ein Mutter-Anna-Lied:

Mutter Anna hör uns flehen.
Mutter unserer Lieben Frau.
Durch dein großes Gottvertrauen
bist du Vorbild aller Frauen.
Gott zu Lob und dir zu Ehren
sei das Haus nun dir geweiht.
Und zum Troste für uns alle
erfleh du uns die Seligkeit.

Du des Gottes Sohn Mutter Amme
welche große hohe Macht
Du vom Himmel auserkorne
gebarst die reine Magd.
Führ du uns einst an deinen Händen
den schönen Himmel zu
lehr uns streben selig sterben
einst wie du.

Kommt dann einst die letzte Stunde
Mutter sei uns dann nicht fern.
Wenn das Erdenlicht entschwindet
sei du uns der Hoffnungsstern.
Führ uns dann zum Gottessohne
stell uns vor bei seinem Thron.
Fleh für uns um sein Erbarmen,
daß er gnädig uns verschon.

Die Melodie wurde vom Lied „Heiliger Josef in deinen Händen" von Franz Faist übernommen.

Der „Blaue Josef"
Unweit von der Annabrunn-Kapelle steht der „Blaue Josef". Seinen Namen erhielt der hl. Josef, der das Jesukind im Arm hält, vom blauen Schultertuch, das sich um seinen Körper windet. Die lebensgroße Statue dürfte von einem Leibnitzer Bildhauer 1651 angefertigt worden sein.

Das Marienbründl an der Grenze

Leutschach

Bei der Heiligengeistkirche (Svetj Duh) auf dem 906 Meter hohen Osterberg südlich von Leutschach, direkt an der österreichisch-slowenischen Grenze, tritt eine Quelle zutage, die Heilkraft bei Fuß- und Augenleiden und als Abführmittel hat. Die Quelle wurde vor dem Ersten Weltkrieg gefaßt und zur Trinkwasserversorgung in Richtung Slowenien abgeleitet. Das Überwasser rinnt durch den Heiligengeistgraben in Richtung Ruine Schmirnberg, der südlichst gelegenen steirischen Burganlage, ab. Das Wissen um die Heilkraft dieser Quelle ging verloren. Den Namen Osterberg soll dieser Berg von der Frühlingsgöttin Ostara erhalten haben, der hier eine Kultstätte gewidmet war.

Die weißen Tauben auf dem Osterberg
Vor langer Zeit besaß ein Graf auf dem Osterberg große Besitzungen. Oft ruhten sich die Burschen, die das Vieh auf den Wei-

Weiße Tauben waren der Anlaß, daß ein Graf auf dem Osterberg eine Kapelle erbauen ließ. Illustration von Marlis Stoppacher, 1997.

den hüteten, im Schatten eines Felsblockes aus. Eines Tages bemerkten die Hirten auf dem Felsblock weiße Tauben. Übermütig versuchten sie, die Tauben von diesem Platz zu vertreiben. So oft sich diese auch vom Felsen erhoben, so oft nahmen sie nach einem kurzen Flug auch wieder auf diesem Stein Platz. Dieses seltsame Geschehen erzählten sie ihrem Dienstgeber, der ein gläubiger Christ war. In der weißen Taube sah er das Symbol des Heiligen Geistes. Am nächsten Tag ging er mit seinen Hirten und in Begleitung einiger Diener zu diesem Stein, wo gerade eine weiße Taube auf den Felsen zuflog und sich daraufsetzte.
Zutiefst ergriffen beschloß der Graf, an dieser Stelle eine Kapelle errichten zu lassen, die dem Märtyrer Primus geweiht wurde. In der Kapelle wurde ein Bildnis der weißen Taube als Symbol des Heiligen Geistes angebracht. Später wurde diese Kapelle von Protestanten zerstört. Jahrzehnte danach errichtete man an der gleichen Stelle die „Augustini-Kapelle". Zwischen 1667 und 1670 wurde die Kirche Heiligengeist erbaut.

Der Heiligengeist-Stein
Im Pößnitztal steht auf einem Bergrücken die Kirche Heiligengeist bei Leutschach. Hier haben Hirten wiederholt weiße Tauben auf einem Steinblock gesehen. Man nennt diesen Fels den „Heiligengeist-Stein", weil man glaubt, es sei der Heilige Geist in Gestalt einer Taube auf dem Fels gesessen. Wallfahrer schlagen sich von ihm ein Stück ab, um es als Andenken mitzunehmen oder auf die Äcker zu werfen, damit die Frucht besser gedeiht. Manche Wallfahrer geben den Stein in ihre Geldtasche, damit ihnen das Geld nicht ausgeht. Der Volksglaube lehrt auch, der Heiligengeist-Stein werde trotz des Abklopfens nie kleiner. Das Abklopfen besorgen die Bettler, denen für die Mühewaltung einige Groschen oder Heller gegeben werden müssen. An Wallfahrtstagen wird den Wallfahrern, die hierher kommen, ein besonderes Gebäck dargeboten, das die Bauern „Heiligengeist-Vögerln" nennen. Den Baumeister der Kirche hat man im Heidengrab begraben. Sobald er vom Tode aufersteht, wird von ihm die Kirche so groß gebaut werden, wie jetzt die Mauer um sie ist. Das ist im Volksglauben fest verankert.

Die vielen alten Quellen

Sulzegg

Bereits 1632 beschreibt F. J. Arquatus einen „Brunn zu Huett, dem heutigen Hütt, in der Nähe von Sulzegg". Auch 1787 wird von einer mineralischen Quelle beim Ort Hütt (damals Hitt) berichtet. 1840 hieß der Quell Sulzbrunnen, 1852 Sauerbrunn, 1857 Sulzegg Sauerbrunn und 1890 wieder Sulzbrunn. Zu dieser Zeit wurde das Wasser mit Most vermischt getrunken.
1895/96 wurden die Franzens- und die Sophienquelle in einer Tiefe von 25 Metern erbohrt und das erste Füllhaus gebaut. Die Anlage verfiel bald, bis es 1911 zur Neuerrichtung kam und zu den bestehenden Quellen die Helenenquelle dazugefaßt wurde. Den Gästen standen nun ein Kreuz-Thermalbad für Heißluft-, Trocken- und Dampfbäder zur Verfügung. In Schwarza und Sulzbach konnte man „ungeniert im Freien ein Bad nehmen". Innerlich wurde das „Sulzegger Eisenwasser" um 1911 zur Heilung von Chlorose, Anämien, Skrofulose, Lungenaffektionen, Magen- und Darmerkrankungen und Menstruationsbeschwerden angewendet. Doch neben den therapeutischen Anwendungen hat das Wasser auch in der Küche Verwendung gefunden. Ein Bäcker in Leibnitz nahm das Sulzegger Wasser zum Backen von „Sulzegger Brunnenkuchen", „Sulzegger Keksen" und „Sulzegger Zimt- und Vanille-Zwieback", und den Bauern der Gegend diente der Sauerbrunn zum Backen des „Wieders", wie sie einen speziellen Gugelhupf nannten.

1975 ist es zu einem Neubeginn der wirtschaftlichen Nutzung von den damals erschlossenen sechs Quellen gekommen. Wünschelrutengänger orteten in der näheren Umgebung jedoch bis zu 50 Quellen. Derzeit wird das Wasser der Christophorusquelle (1979 erschlossen) und der Styrianquelle (1978 erschlossen) in Flaschen abgefüllt und in den Handel gebracht.

Die Rindenkapelle
Die erste Kapelle, die an der Quelle errichtet worden war, war eine Dankesgabe der Menschen, die hier durch das Quellwasser von ihren Krankheiten geheilt worden waren. Bald wurde die Quelle nach der Kapelle als Kapellenquelle bezeichnet, später jedoch in Marienquelle (der Kapellenpatronin) umbe-

nannt. Die Rindenkapelle 1889 wurde vermutlich von Franz Hödl, dem damaligen Besitzer des Sauerbrunnens, errichtet. Die völlig aus Holz gebaute und mit Baumrinde außen vertäfelte Kapelle ist im Inneren schlicht ausgestattet.

St. Nikolai ob Draßling

Aqua vital

1894 vergrößerte ein Oberförster den Auslauf der bekannten Heilquelle, was seinem Haus den Vulgonamen Brunnseppl eingetragen hat. Erst 1972 wurde in eine Tiefe von 100 Meter vorgebohrt und eine wirtschaftlich interessante Schüttung erschlossen.

1987 kam es zur Betriebserweiterung und 1991 wieder zur Betriebsschließung. Das Mineralwasser wurde als „Aqua vital" in den Handel gebracht. Von der Bevölkerung der Gegend ist das Wasser seit langer Zeit mit Milch vermischt gegen Heiserkeit getrunken worden.

Kreuzritter nahmen Heilwasser mit
Eine fixe Labestation der steirischen Kreuzritter auf ihrem Weg in das Land der Sarazenen war ein kleiner heilkräftiger Quell bei St. Nikolai ob Draßling. Hier löschten sie ihren Durst und zogen von diesem Wasser gestärkt weiter. Vom heilenden Wasser nahmen sie auch große Vorräte in das Heilige Land mit.

St. Ulrich am Waasen

Der gotische Ulrichsbrunn

Seit Jahrhunderten wird der Ulrichsbrunnen in St. Ulrich am Waasen als Heilbrunnen genützt.

Der Ulrichsbrunnen
Nahe dem Ortskern steht der spätgotische Ulrichsbrunnen. Über dem Quell wurde die Brunnenstube aus Stein mit Kielbogenöffnung und Kielbogennische errichtet. Darauf steht der steinerne Tabernakelpfeiler mit Pyramidenaufsatz und schmiedeeisernem Doppelkreuz. In der vorderen Nische ist die Darstellung eines sitzenden heiligen Ulrichs zu sehen, die hintere Nische ist mit einer Mariendarstellung ausgemalt. Diese einzigartige Brunnenanlage war lange Zeit das Zentrum einer ausgeprägten Ulrichsverehrung, wobei der hl. Ulrich als Helfer

gegen Fieber, diverse Krankheiten, Tollwut, Unheil sowie Ratten- und Mäuseplage angerufen wurde. Am Ulrichstag (4. Juli) findet ein Volksfest mit einem Festgottesdienst statt. In St. Ulrich wurden Menschstatuetten, die ältesten Darstellungen eines Menschen in der Steiermark (4000 v. Chr.), gefunden. Ob bereits vor 6000 Jahren die Menschen das „Ulrichswasser" zu nutzen verstanden, ist allerdings nicht bekannt.

Quellengeheimnis
Wasser ist immer ein Informationsträger. Hier ist der Streit um den Kanalverlauf gespeichert. Nachdem die Quelle nicht frei fließen darf, hat sie ihre Heilkraft verloren. Die umgebenden Obstplantagen trugen das übrige bei, daß die Quelle zu einem toten Wasser wurde. Ich sehe ein großes Betonrohr, das unten nur dunkle Energie hat. Die Erde hat Strahlkraft, die Handflächen werden prickelnd warm. (Angela Stoißer, 1997)

Die spätgotische Brunnenanlage in St. Ulrich am Waasen.

Die Rochusgrotte mit dem Loch zum Durchrutschen.

Bezirk Liezen

Die Kneipp-Anlage

Admont

Am Rande der „Eichelau", einem Eichenpark, der als Hochwasserschutz von Admont am rechten Ennsufer um 1542 angelegt wurde, tritt ein artesischer Brunnen zutage. Wegen der hohen Wasserqualität kam es 1988 zur Errichtung einer Kneipp-Wasseranlage. Das „Kneippen" in diesem kalten, klaren Wasser soll zu körperlichem Wohlbefinden führen.

Die Rochusgrotte

Altenmarkt an der Enns

Zu den ältesten Quellenkultstätten der Steiermark gehört die Quelle in der Rochusgrotte in Altenmarkt an der Enns. Das Rochuswasser wird von einer Rochusstatue geschützt. Wegen der großen Heilkraft bei Augenleiden wird es in Flaschen mitgenommen. Franz Leskoschek berichtet darüber:

„Zu den interessantesten obersteirischen Volkswallfahrtsstätten gehört jedoch die Rochusgrotte am steilen Dietrichhag bei Altenmarkt an der Enns. Die Wallfahrtsgrotte, die zwei gute Wegstunden von Altenmarkt entfernt ist, stellt eine mächtige vorgeschichtliche Felsenhöhle dar, in der sich auch eine heilkräftige Quelle befindet, die im Laufe der Zeit zu einer dem hl. Rochus geweihten Wallfahrtsstätte wurde, über deren Entstehung keine genauen Angaben vorliegen. Die Legende erzählt nur, daß sich der hl. Rochus auf der Flucht in der Felsengrotte aufgehalten haben soll. Da der hl. Rochus Pestheiliger ist, so ist wohl mit Sicherheit anzunehmen, daß die Rochusverehrung in dieser Felsengrotte in die Pestzeit zurückgeht. Doch dürften, wie Adalbert Krause, der diese Kultstätte und ihre Wallfahrtsbräuche beschrieben hat, richtig annimmt, die Uranfänge in der Entwicklung zur Volkswallfahrtsstätte wohl noch weiter zurückliegen und höchstwahrscheinlich mit der heilkräftigen Quelle, die sich im Inneren der Grotte befindet, in

Zusammenhang stehen. Auffallend ist auch, daß hier St. Rochus als Augenpatron verehrt und auch als solcher dargestellt wird. Dies dürfte wohl damit zusammenhängen, daß die Quelle in der Grotte schon seit uralten Zeiten vom Volke bei Augenkrankheiten als Heilmittel verwendet wurde und wiederholt als ‚Augenwasser' Wunderheilungen verursacht hat. Da nun die Quelle unter dem Patronat des hl. Rochus steht, schrieb dann das Volk die wundertätige Heilkraft des Wassers dem Quellen-

patron zu, der somit zum Augenpatron wurde. So vollzog sich eine Art Übertragung von der Heilkraft des Wassers auf die Wundermacht des Quellenpatrons. Noch heute nehmen die Wallfahrer Rochuswasser in Flaschen mit heim und gebrauchen es als Heilmittel gegen verschiedene Krankheiten. Vielfach bestreichen sie in der Grotte ihre Augen mit dem Quellwasser oder mit Brotrinden, die sie vorher in die Grotte hoch oben am Dietrichhag, wie Krause meint, den Uranfang und

Votivbilder auf dem steilen Weg zur Rochusgrotte.

Anlaß zur Entwicklung einer religiösen Kultstätte, gegeben haben, die aber im Laufe der Zeit zu einer Stätte christlicher Heiligenverehrung wurde, bei der sich aber im Zusammenhang mit der Heilquelle bis auf den heutigen Tag aus dem religiösen Brauchtum der vorchristlichen Zeit uralte, im Volk tief wurzelnde Volksbräuche in ihrer ganzen Schönheit als religiöse Äußerungen der Volksseele erhalten haben, so daß sich die Felsengrotte zu einer ganz eigenartigen Wallfahrtsstätte entwickelt hat, die vielleicht zu den ältesten Quellenkultstätten des Landes zu zählen ist."

Der heilige Rochus segnete eine Quelle
Südöstlich von Altenmarkt an der Enns erhebt sich der 930 Meter hohe Dietrichkogel – auch Dietrichhag genannt. Auf seiner Südseite, knapp unter dem Gipfel, befindet sich in einer natürlichen, ziemlich weiten Felsenhöhle eine vielbesuchte Kapelle, in der auch eine Quelle entspringt, deren Wasser heilkräftig ist. Die Kapelle ist dem hl. Rochus geweiht, daher auch die Namen Rochusgrotte, Rochuskapelle und Rochusbrünnlein.
Vom Ursprung dieser Grottenkapelle ist nichts bekannt, doch wurde die Höhle zur Pestzeit als Zufluchtsort benützt. Der hl. Rochus ist neben dem hl. Sebastian der wichtigste Pestheilige oder Pestpatron, der in diesen schweren Notzeiten von der Bevölkerung viel verehrt wurde. Eines Tages hat der hl. Rochus auf seiner Flucht in der Grotte gerastet, vom Wasser getrunken und die Quelle gesegnet. Seither ist das Wasser gegen manche Krankheiten, besonders gegen Augenleiden heilkräftig. Zahlreiche an den Felswänden hängende Votivbilder berichten von allerlei wunderbaren Heilungen. Auf dem Altar steht eine aus Holz geschnitzte und bemalte Rochusstatue. Von ihr wird erzählt, daß man sie dreimal aus der Grotte entfernt und in Krippau am Fuße des Berges in einer anderen Kapelle aufgestellt habe, um den Wallfahrern die mühsame Besteigung des steilen Kogels zu ersparen. Doch die Statue verschwand jedesmal und wurde in der alten Felsengrotte wieder gefunden, worauf man sie endgültig dort beließ.
Früher pflegten die Wallfahrer schwere Steine oder Holzstücke zur Rochusgrotte hinaufzuschleppen, um durch diese Mühsal sicherer Verzeihung ihrer Sünden zu erlangen. Etwas oberhalb

des Grotteneinganges ist im Felsen ein enges, rundes Loch, durch welches viele Wallfahrer dreimal durchschlüpfen, weil sie glauben, daß dieses mühsame Durchkriechen sie von allen Kreuzschmerzen befreien werde. Hier wird die Krankheit abgestreift.

Die gläubige Bäuerin
Eine kranke Bäuerin schickte von Altenmarkt aus einen Knecht zur Rochusgrotte, um dort für sie vom heilkräftigen Wasser zu holen. Doch der Knecht ging zuvor in ein Gasthaus und blieb dort so lange, daß es für einen Aufstieg zur Grotte zu spät wurde. Doch ohne Wasser konnte er zur Bäuerin nicht zurückkehren, und so füllte er seine Flasche mit dem Wasser aus dem Gasthausbrunnen. Die Bäuerin war jedoch überzeugt, daß das Wasser aus der Rochusgrotte stammte, und trank davon. Und obwohl dieses Brunnenwasser ohne Heilkraft war, wurde sie wegen ihres großen Glaubens an Gott geheilt. Der Knecht jedoch erhielt, ohne daß jemand vom Schwindel erfuhr, seine ihm gebührende Strafe.

Die Rochusgrotte
Der Aufstieg zur Grotte, in der das heilkräftige Wasser hervortröpfelt, ist nur über zwei steile, schmale Wege möglich. Nach rund 45 Minuten erreicht man die Höhle, in deren unterem Bereich ein kleiner Altar mit einigen Heiligenfiguren steht und an den Wänden Bilder mit Heiligendarstellungen hängen. Über eine Holzleiter gelangt man in den Höhlenoberteil, wo auch das heilende Wasser in eine Blechschüssel tröpfelt. Auf dieser Ebene befindet sich auch das enge Loch, durch das man bei Kreuzschmerzen durchkriechen soll.
Auf dem Weg zur Rochusgrotte sind zwei Votivbilder angebracht. Die Aufschriften auf dem ersten Bild lautet: „Durch die Fürbitte des hl. Rochus wurde dieses Kind von einem gefährlichen Augenübel befreit. Aus Dankbarkeit wurde diese Opfertafel im Jahre 1741 errichtet." Auf dem zweiten Bild steht: „Im Jahre 1760 hat eine Weibsperson mit schwärende Brüste zum Hlg. Rochus hierher verlobt. Hat unter einem Baum eingeschlagen, ist ihr das Schwärende ausgeronnen und wundertätig geheilt worden, wo sich zum Zeichen 2 Brüste am Baum gezeigt haben."

Bad Aussee

Das Salzwasserbergbad

Der Salzberg von Altaussee ragt zwischen dem Sandling (1717 m) und dem Loser (1836 m) rund 400 Meter über den Altausseer See empor. Die in der Altausseer Lagerstätte anzutreffende Salzgebirgsart ist ein „Rotsalzgebirge". Die Sohlegewinnung ist seit dem 12. Jahrhundert bekannt, und im Jahr 1470 bestanden bereits mehrere Badstuben, in denen die Sole zur Anwendung kam. Im 19. Jahrhundert kam es zur vermehrten Nutzung von Sole für therapeutische Zwecke und somit verbunden zu einem enormen Aufschwung im Markt Aussee. Der Ort erhielt 1868 die Bezeichnung „Kurort", und 1911 wurde der Kurort Aussee zum „Bad Aussee". Verabreicht wurden zu dieser Zeit Fichtelnadelbäder und Fichtennadelpräparate zu Inhalationen. Dazu kam die Milch- und Molkekur.

Angewendet wird die Sole als Kurmittel in verdünnter Form für Badezwecke. Der Soleschlamm wird nach Aufbereitung als Badeschlamm verwendet, in dem bis zu zehn Prozent Salz enthalten sind.

Solebäder werden bei rheumatischen Erkrankungen, Kreislaufstörungen, Entwicklungsschwäche im Kindesalter und Frauenkrankheiten verabreicht. Der Badeschlamm kommt bei Erkrankungen des Bewegungsapparates, chronisch-entzündlichem Rheumatismus, Abnützungserscheinungen, Nachbehandlung bei Unfällen und Durchblutungsstörungen zur Anwendung.

Die „Ausseer Heilquelle", die für Trinkkuren in Bad Aussee und Altaussee bekannt ist und auch in Flaschen abgefüllt wird, wurde 1938 im Zuge des Scheiben-Stollenvortriebs erschlossen. Diese Glaubersalzquelle wurde erst 1959 untersucht und ab 1961 als Trinkquelle genutzt. Die Anerkennung als Heilquelle erfolgte ebenfalls 1961 unter der Bezeichnung „Hypertonische Natrium-Chlorid-Sulfat-Quelle (glaubersalzhaltige Solequelle)". Die Wassercharakteristik zeigt Inhaltsstoffe von 3702,2 mg Natrium, 29,1 mg Kalium, 200,4 mg Magnesium, 552 mg Calcium, 4101,7 mg Chlorid, 4256,3 mg Sulfat und 120,8 mg Hydrogencarbonat. Eingesetzt wird die Ausseer Heilquelle bei Dünn- und Dickdarmkatarrhen, Erkrankungen der Gallenblase, Nachbehandlung bei Gallensteinoperationen, Lebererkrankungen, Hämorrhoiden und Magenkatarrh.

Die Auffindung des Salzbergwerkes in Aussee
Ein grüner Mann, wahrscheinlich ist damit ein Jäger gemeint, durchstreifte eines Tages die hohen und dichten Waldungen am Sandlingberg, um Wild zu jagen. Das Glück war ihm jedoch nicht günstig. Es neigte sich bereits die Sonne, und er mußte deshalb, ohne ein Tier erlegt zu haben, den Heimweg antreten. Da bemerkte er plötzlich mehrere Gemsen, die sich um eine Quelle gelagert hatten. Rasch spannte er seinen Bogen und erschoß eine der Gemsen, worauf die übrigen entflohen. Erfreut darüber, daß seine Bemühungen vom Erfolg gekrönt waren, lud er die Beute auf den Rücken. Bevor er jedoch den Ort verließ, wollte er sich an der sprudelnden Quelle erquicken, aber da fand er zu seiner Überraschung, daß das Wasser stark salzhältig war. Jetzt wußte er auch, was die Gemsen, die Salz sehr lieben, dorthin gelockt hatte.
Als er im Tal seine Entdeckung bekanntmachte, wurden die Menschen aufmerksam, gruben bei der Quelle in der Erde und fanden das salzhältige Gestein. So entstand das Salzbergwerk auf dem Sandling.

Die Badeanlage in Bad Aussee.

Schafe wiesen auf die Salzquelle hin
Ein Schäfer trieb jeden Tag seine Herde von Altaussee auf die Bergwiese auf dem Sandling. Beim Moosberg wollten die Tiere jedoch niemals weiter, immer schleckten sie vom Wasser, das dort zutage trat. Endlich kostete der Schäfer von der Quelle und merkte, daß das Wasser salzig schmeckte. Er erzählte seine Entdeckung Holzknechten, die daraufhin die Quelle untersuchten. Sie sotten das Wasser in einem Häferl und gewannen so das erste Sudsalz.

Der Wassermann
Am Grundlsee lebte einst ein alter Fischer mit seiner schönen Tochter, die einen schmucken Jägerburschen liebte, dies aber nur heimlich tun durfte, weil der strenge Vater dagegen war. Eines Tages fischte der Jäger im Grundlsee mit einem Netz und spürte plötzlich einen heftigen Ruck. Schon dachte er, einen großen Fisch gefangen zu haben, und mußte sich gewaltig anstrengen, um das schwere Netz ans Ufer zu zerren. Fast hätte er es wieder losgelassen, denn im Netz zappelte statt eines großen Fisches ein gar scheußlicher Wassermann. Alles war grün an dem Kerl, nur zwischen den langen Fingern und Zehen hatte er gelbe Schwimmhäute und auf dem Rücken Schuppen wie ein Fisch; die Augen waren rot.
Der Jäger, ein furchtloser, starker Mann, zog den Wassermann, der nicht allzu groß war, vollends ans Ufer, und weil dieser mit Gewalt immer wieder zurück ins Wasser wollte, band er ihm Hände und Füße zusammen. Dann nahm er ihn auf die Schulter und trug ihn heim in seine ziemlich weit entfernte Hütte, die jenseits des Berges stand. Dort sperrte er ihn im Stall ein, gab ihm Fische zu essen und behandelte ihn freundlich. Der Wassermann, der zuerst auf keine Frage Antwort gab, wurde mit der Zeit zutraulich und fing auch an zu reden. Nach ein paar Wochen war er schon so zahm, daß ihn der Jäger zu allerlei kleinen Arbeiten verwenden konnte. Nur wenn das Seemandl irgendwo Wasser sah, sprang es mit Wonne hinein und war nur mit Gewalt herauszubringen.
Als der Jäger wieder einmal nach Grundlsee ging, um sein Mädchen zu besuchen, nahm er den Wassermann mit, führte ihn aber zur Vorsicht an einer leichten Kette. Als sie zum See kamen, war der Wassermann so aufgeregt, daß ihn der Jäger

kaum weiterbrachte und viele gute Worte gebrauchen mußte. Das Mädchen fürchtete sich zuerst vor dem grauslichen Kerl, beruhigte sich aber bald, als es sah, wie folgsam er war.

Eines Tages ging der Jäger auf die Jagd und nahm den Wassermann mit; unterwegs wollte dieser beharrlich nur eine bestimmte Richtung einschlagen. Gutmütig folgte ihm sein Herr durch dick und dünn. Auf einmal blieb der Wassermann stehen und zeigte aufgeregt in eine Waldlichtung, wo einige Hirsche bei einer Quelle lagerten. Schnell spannte der Weidmann seine Armbrust, zielte kurz, drückte ab, und der stärkste Hirsch brach tödlich getroffen zusammen. Nach dem Ausweiden des mächtigen Tieres wusch sich der Jäger die Hände und nahm auch einen tüchtigen Schluck, um seinen Durst zu löschen. Schnell spuckte er das Wasser wieder aus, denn es schmeckte stark salzig. Der Wassermann hatte ihn also zu einer Salzquelle geführt.

Der Jäger meldete seine Entdeckung sogleich der Herrschaft, und diese schickte Bergleute hin, um das Gestein auf seine Salzhältigkeit zu prüfen. Schon nach kurzer Zeit begann man mit dem Abbau der mächtigen Salzlager am Fuße des Sandlingberges. Der Jäger wurde als Belohnung mit der Aufsicht betraut und ward ein angesehener Mann.

Als man nicht weit vom Stollenausgang mit dem Bau der Sudhäuser begann, warnte der Wassermann seinen Herrn, weil der Boden dort stark sumpfig war und der Bau bald versinken würde. Daraufhin verlegte man die Sudhäuser weiter weg auf festen Boden, dorthin, wo sich die Abflüsse der beiden großen Seen vereinigen. Selbstverständlich mußten für die Bergleute und Arbeiter auch Wohnhäuser erbaut werden, und so entstand dort mit der Zeit der schöne Ort Aussee. Der ehemalige Jäger, nunmehr Verwalter des Bergwerkes, freite als reicher Mann um die Fischerstochter, und der Vater gab jetzt freudig seine Zustimmung zur Hochzeit. Als der Hochzeitszug zur Kirche ging, war auch der Wassermann dabei, dem man aus Dankbarkeit ein schönes, buntes Kleid geschenkt hatte. Beim Grundlsee angelangt, lief der Wassermann plötzlich aus der Reihe, machte einen gewaltigen Kopfsprung ins Wasser und war für immer verschwunden.

Die beiden Brautleute wurden ein recht glückliches Ehepaar, und sooft sie am Seeufer standen oder mit dem Boot den

Grundlsee befuhren, dachten sie immer an ihren „lieben" Wassermann, dem sie ihr ganzes Glück verdankten.

Der Wassermann vom Grundlsee
An einem heiteren Morgen mag es gewesen sein, als vor vielen, vielen hundert Jahren die armen Bergler von Gößl in ihrem Einbäumel, dem aus einem Stamm gehöhlten Nachen, hinausfuhren in den Grundlsee und ihre Angel auswarfen nach der flinken Forelle. Wer war glücklicher als das arme Völklein um den See, wo alte Treue heimisch wohnt, wo die Falschheit noch nicht hingefunden – vielleicht auch heute noch nicht! Doch eines wollte diesen sonst so genügsamen Naturmenschen nicht einleuchten, nämlich daß sie ihr Salz von Hallstatt herauf beziehen mußten, und sie grübelten darüber nach, ob nicht auch in ihren Bergen sich Kern, das ist Salz, vorfinden könnte. Als sie nun so auf dem Spiegel des Sees dahinglitten, plätscherte das Wasser auf der einen Seite ihres Einbäumels, und aus den Fluten tauchte das Gesicht eines Mannes empor, um dessen Nacken die Locken ganz wasserförmig flossen. Voll Mitleid zogen ihn die Fischer in das Schiffchen, ließen ihn aber vor Schrecken fallen, als sie sahen, daß er keine Füße, sondern einen fischartigen Unterleib hatte. Hierbei beschädigte sich der Wassermann und wurde darüber ungehalten; doch als die Leute mit ihm Mitleid zeigten und ihn mit Wasser übergossen, legte sich sein Unmut. Und bald wurde auch das Halbmännlein redselig und sagte: „Wißt Ihr! Mein süßes Element wird säuerlich und gibt Erwerb Euch allen! In Eueren Bergen lagert Kern; salzhandig rinnt's her und bei den zwei See-Traunen raucht's!" Darauf gab sich das Männlein einen Schneller, und im Nu war es auch schon wieder im Wasser und sagte lachend: „Bei saurer Arbeit werdet Ihr nicht übermütig werden!" Danach verschwand es, aus dem Wasser aber erscholl es immer schneller und leiser: „Salzhandig, salzhandig!" Da riefen die Fischer wie aus einem Munde: „Sandling, Sandling meint er!" Und so ward es. Seitdem ist das salzgesättigte Wasser vom Sandlingberg, das Element des Wassermannes, der Ausseer Brot und Leben.

Heilbrunn

Bad Mitterndorf

Schon die Römer nutzten das heilkräftige Thermalwasser von Krungl (Bad Mitterndorf), das unter dem Namen „Heilbrunn" bekannt ist. Bezeugt wird diese frühe Quellennutzung durch das „Najaden-Relief", das neben einem opfernden Priester drei Quellennymphen zeigt, die vielleicht sogar die drei Quellaustritte symbolisieren. Gefunden wurde beim Quellaustritt auch eine Münze mit dem Kopf von Kaiser Maxentius (306–312 n. Chr.). Die Quelle dürfte jahrhundertelang von der Bevölkerung der Umgebung genutzt worden sein. 1830 wurde ein bequemes Badebecken errichtet. Man wendete diese Therme gegen Fußgeschwüre, Augenkrankheiten, rheumatische Leiden und Drüsenerkrankungen sowohl getrunken als auch als Bad an. 1959 begann man nahe der alten Römerquelle mit der Erbohrung eines zweiten Schachtes. Über die weiteren Bohrungen wird in den Mitteilungen der Abteilung für Geologie und Paläontologie Joanneum (1992/93) berichtet:

„In den Jahren 1962–1973 erfolgte ein großzügiger Ausbau der Kur- und Badeeinrichtungen, wodurch es zu einer solchen Steigerung des Thermalwasserbedarfes kam, daß dieser aus

Beim Römerbrunnen „Heilbrunn" in Bad Mitterndorf fand man Gegenstände aus der Zeit der Römer.

der Römerquelle (Quelle III) nicht mehr gedeckt werden konnte. Die Schaubergerquelle kam wegen ihrer zu geringen Schüttung und die Wiesnerbachquelle wegen ihrer Lage im Stausee hierfür nicht in Betracht. Man entschloß sich daher zur Abstoßung von zwei Tiefbohrungen, die in den Jahren 1969 und 1970 durchgeführt wurde. Die beiden Bohrungen wurden am Ausgang des Krunglbachtales beiderseits des Baches angesetzt, die Bohrung B/1 am linken, die Bohrung B/2 in nur 34 Metern Entfernung von B/1 am rechten Ufer, 20 Meter nördlich von der Schauberger-Quelle an jener Stelle, die schon im Jahre 1895 bzw. 1904 von Prof. G. A. Koch für eine Tiefbohrung bis auf mindestens 70 Metern Tiefe vorgeschlagen worden war.
Im ‚Österreichischen Heilbäder- und Kurortebuch 1975' und im ‚Handbuch der natürlichen Heilmittel Österreichs 1985' ist als Kurmittel jeweils neben dem Heilklima und Heilmoor (Rödschitzer Heilmoor) Akratothermalwasser, mit einem Hinweis auf die Analyse aus dem Jahr 1963, also der Römerquelle, angegeben."

Mit diesen drei Heilfaktoren – Heiltherme, Heilmoor und Heilklima – wurde Mitterndorf ab 1972 zum „Bad Mitterndorf" ernannt. Die Anerkennung der Quelle III, Thermal Römerquelle als Heilquelle erfolgte 1963 unter der Bezeichnung „Heilquelle Heilbrunn – Thermal-Römerquelle". Diese Quelle wird seit einiger Zeit nicht mehr genutzt. In Verwendung stehen die Bohrungen Nr. 1 und Nr. 2 für Unterwasserbehandlungen, Bewegungsbad, Wannenbäder, Hallenbad und Freiluftbecken. Zur Anwendung kommt das Wasser der Bohrungen B/1 und B/2 bei Erkrankungen des Bewegungsapparates, Verletzungsfolgen, Kräftigung der Muskulatur, gynäkologischen Erkrankungen, Muskeln und Nerven und Entzündungsresten im Brust- und Bauchraum.
Für die Heilbrunn-Thermal-Römerquelle (Quelle III) wurde 1902 eine Fassung hergestellt, durch die es nicht gelang, Kaltwassereinflüsse auszuschalten. Daher schwankt die Wassertemperatur zwischen 20 und 25 Grad Celsius. Die chemische Analyse zeigte Inhaltsstoffe von 21,1 mg Kalium, 162,4 mg Calcium, 51,5 mg Magnesium, 464,4 mg Sulfat und 167,9 mg Hydrogencarbonat. Zeitweise wurde diese Quelle auch als „Schwefelquelle" bezeichnet (Wassertemperatur 24,8° C).

Die Bohrung B/1 wurde 1969 bis auf 510,60 Meter Tiefe durchgeführt. An Inhaltsstoffen findet man 8,25 mg Natrium, 130,7 mg Calcium, 47,6 mg Magnesium, 381,6 mg Sulfat und 163,6 mg Hydrogencarbonat (Wassertemperatur 26,6° C).
Die Bohrung B/2 erfolgte ebenfalls ab 1969 bis auf eine Tiefe von 674,35 Meter. An Inhaltsstoffen sind 137,8 mg Calcium, 48,6 mg Magnesium, 339,9 mg Sulfat und 164,1 mg Hydrogencarbonat vorhanden (Wassertemperatur 26,2° C).
Die Wiesnerbadquelle (Quelle I) wurde ehemals auch Straßen- oder Sägewerksquelle genannt. Sie ist seit vielen Jahrhunderten bekannt. 1906 errichtete ein Herr Wiesner eine Badehütte. Seit 1949 werden die Quellaustritte vom Salza-Stausee monatelang bis auf fünf Meter Höhe überflutet, so daß diese Quelle unbrauchbar ist. Die drei Quellaustritte sind im Winter zugängig.
Die Adolf-Schauberger-Quelle (Quelle II) liegt 65 Meter oberhalb der Brücke über den Krunglbach am rechten Ufer. Sie dürfte bereits den Römern bekannt gewesen sein, blieb danach aber bis 1898 unentdeckt. Bei der Krunglbachregulierung wurde die Quelle mit ihren vier Austritten verschüttet. Ebenfalls verschüttet wurde eine der Quelle gegenüberliegende Thermalquelle. Nicht mehr zu finden ist eine Thermalquelle in der Salza, rund hundert Meter oberhalb der Krunglbacheinmündung.

Das Bad Mitterndorfer Najaden-Relief zeigt neben dem opfernden Priester drei Quellennymphen.

Die Entdeckung von Heilbrunn
Ein Jäger verfolgte einst ein von ihm angeschossenes Reh, das in die dichten Waldungen bei Grubegg flüchtete. Plötzlich verlor er die Spur des Tieres und wollte verärgert die Nachsuche aufgeben. Als er ein dichtes Gestrüpp durchbrach, sah er, wie das verwundete Reh noch lebend in einem Wassertümpel lag. Als es den Jäger erblickte, wollte es neuerdings fliehen, brach aber ermattet zusammen. Der Jäger hob das Tier aus dem Wasser und spürte sogleich, daß im Tümpel warmes, fast heißes Wasser war. Er hatte also eine warme Quelle entdeckt und erzählte überall, welchen Fund er gemacht hatte.
Bald kamen kranke und gebrechliche Leute aus der Umgebung zur Quelle und fanden Heilung oder Linderung ihrer Leiden. Der Ruf von der Heilkraft des Wassers verbreitete sich rasch, und als immer mehr Leute herbeiströmten, erbaute man über der Quelle ein einfaches Badehaus. So entstand das Bad Heilbrunn. Mutwillige Burschen aber trieben allerlei Unfug, und als man die Quelle besser einfassen und das Badehaus vergrößern wollte, versickerte ein Teil des heißen Wassers und kaltes trat an seine Stelle.

Römische Nymphengruppe
Dieser Reliefstein ist Teil einer Grabanlage, die in der Römersteinsammlung im Eggenberger Schloßpark aufbewahrt wird. Auf der beschädigten Platte zeigen sich in Frontalansicht drei aufrechtstehende gleiche Nymphen-Figuren nebeneinander. Die nach einem Schema keineswegs meisterhaft, sondern provinziell gestalteten Körper sind nackt; vor dem Schoß hält jede der Figuren eine Muschelschale. Das in der Mitte gescheitelte, dichte Haar fällt auf die Schultern. Rechts neben den Nymphen ist ein Altar zu erkennen, mit Sockelblock, Gesims und abgeschlagenem hohen Aufsatz. Der rechte Unterarm des von rechts an den Altar tretenden Opfernden ist gleichfalls abgeschlagen. Der Opfernde ist mit einem von Steilfalten durchzogenen Gewand bekleidet; die Hand des linken abgewinkelten Armes hält eine Patera. Die Gesichtszüge aller Dargestellten sind verwischt. Infolge der Bruchstellen fehlen die Unterschenkel der beiden ersten Nymphen, der ersten Nymphe auch noch der rechte Arm und der Großteil des Kopfes. Von einer Gestalt, deren rechte Hand auf der linken Schulter des Opfern-

den zu erkennen ist, ist rechts im Bild nur noch ein kleiner Teil des Gewandes vorhanden. Auch von der Randerhebung ist unter dem Altar – besonders nach rechts hin – noch ein längeres Stück erhalten. Dieses Fundstück dokumentiert, daß die Thermalquellen der Gegend (Heilbrunn!) zumindest schon in der Römerzeit benutzt wurden, und ist natürlich auch religionsgeschichtlich von Bedeutung. Es ist „ein einzigartiges Zeugnis dafür, daß den Spenderinnen und Hüterinnen der Heilquellen nicht nur Weiheinschriften und -gaben dargebracht wurden, sondern auch am Altar geopfert worden ist."

Der Heilige Brunnen im Prenterwinkel

Bärndorf bei Rottenmann

Nördlich von Bärndorf im Paltental, in einem Wald versteckt, sprudelt eine gering mineralisierte Quelle mit starker Radioaktivität, die als „Heiliger Brunnen" oder als Bärndorfer Wunderbrunnen, „Augenbründl", bekannt ist, aus dem Boden hervor. Zu diesem heilenden Wasser führten einst Sonntag für Sonntag Prozessionen, an denen bis zu 200 Personen teilnahmen. Die Heilquelle mit der kleinen Kapelle ist der Muttergottes geweiht. Hier finden auch Bergmessen statt.

Die hl. Maria erschien als weiße Frau
Zu Ende des 18. Jahrhunderts lebte eine Witwe, die mit mütterlicher Liebe an ihrem einzigen Sohn Matthias hing. Er war ihr Stolz und ihre Freude. Während seine Altersgenossen in den Wirtshäusern zechten und johlten, ging er allein auf einsamen Waldpfaden und kam öfters zu einem Brünnlein. Als er sich wieder einmal der Waldquelle näherte, sah er beim Brunnen eine wunderschöne, weißgekleidete Frau, die sich im klaren Quellwasser ihr Gesicht wusch. Langsam ging er auf sie zu, da lächelte sie ihn freundlich an und verschwand. Als der Franzosenkrieg ausbrach und Matthias einrücken mußte, erkrankte seine Mutter und starb. Nach Kriegsende brachten durchziehende Soldaten den Matthias wieder in seine Heimat. Er war aber völlig blind. Eine furchtbare Krankheit hatte ihm das Augenlicht geraubt.
Er fühlte sich sehr arm und verlassen. Doch einmal träumte ihm so wunderbar. Er sah wieder die weißgekleidete Frau am „Heiligen Brunnen", wie sie sich wusch und ihm zulächelte. Als

Das Heilige Bründl kann nach einem längeren Aufstieg durch den Wald erreicht werden.

die Morgensonne längst aufgegangen war, beschäftigte er sich noch mit dem Traum und wünschte, daß man ihn zum heiligen Brunnen führe. Mitleidige Menschen brachten ihn zur Wunderquelle, wo er mit der hohlen Hand das kühle Wasser auffing und sich das Gesicht wusch. Immer wieder strich er mit dem erquickenden Naß über seine blinden Augen. Und welch ein Wunder! Er wurde plötzlich sehend! Freudestrahlend kehrte er heim und erzählte jedermann, was für ein Wunder an ihm geschehen war. Eine Tafel aus dem Jahr 1864, deren Text auch die Pfarrchronik von St. Lorenzen festhält, besagt:

Hier ist der heilige Brunnen genannt,
der seit 1800 ist bekannt,
Der hier vorübergeht,
der Mutter Gottes einen Gruß ablegt.
Man tut sich genau befragen, den Ursprung anzusagen,
Wo ein Jüngling eine wunderschöne Frau
hat waschend befunden
Und vor seinen Augen ist verschwunden.
Und auch ein Mann kann Zeugnis geben,
der jetzt 1864 noch ist am Leben.

Mit Bildern geschmückt ist der Vorraum der Kapelle beim Heiligen Bründl in Bärndorf.

Er hat das Wasser gepropt an seinen Augen,
was ihm tut sehr gut taugen
Der früher ist erblindet schon und jetzt sieht
wie jedermann.
Die barmherzige Mutter wird sie genannt,
wann man sie nur anerkannt,
O, steh uns bei im letzten Streit,
Mutter der Barmherzigkeit!

Der Bärndorfer Wunderbrunnen
Dein schwacher Wasserstrahl dringt aus den Tiefen,
Entlockt der Erde die Naturgewalten,
Die in dem Urstein Jahrmillionen schliefen
Und neue Elemente noch gestalten,
In tiefer Erde wirken und bestehen
Und die dabei allmählich selbst vergehen.

Dein klares Wasser schlürfen viele Kranke,
Sie holen sich Erquickung und Gesundung.
Man sagt, wer früher hinkte, nicht mehr wanke.
Dein Wasser helfe ihnen bei Verwundung,
Gesündres Blut in ihren Adern kreiset,
Ihr Sinn auf Lebenslust und Frohsinn weiset.

Schulrat Josef Pfau

Kapelle mit Brunnen
Die Holzkapelle ist in einen kleinen Vorraum und einen versperrten dahinterliegenden Raum, in dem eine Marienstatue mit Kind steht, geteilt. Im Vorraum sind alte Wandbemalungsreste sichtbar. Hier sind einige Heiligenbilder angebracht.
Unmittelbar neben der Holzkapelle wird das heilkräftige Wasser (seit 1800 bekannt) über ein Kreuz in einen Brunnentrog geleitet. Erreicht kann der Heilige Brunnen nur zu Fuß werden. Der Aufstieg (45 Minuten) ist steil und beschwerlich.

Das ehemalige Wildbad

Donnersbach

Eine römerzeitliche Inschriftentafel, die im Schloß Donnersbach 1947 aufgefunden wurde, weist auf die Existenz einer oder mehrerer Heilquellen in dieser Gegend hin. Derzeit sind die Quellen nicht mehr auffindbar. Eindeutige Beweise über ein Bad in Donnersbach gibt es mehrere. Auf einem Kupferstich von Georg Matthäus Vischer ist 1681 das Badehaus, „das Baad", abgebildet. Das „Wildbad" wird auch auf der Steiermark-Karte von Vischer 1678 festgehalten. 1803 heißt es: „... dort rann die Quelle kupferfarben aus der Erde in der Stärke eines lebenden Brunnens."
Kurz darauf, 1804, dürfte die Quelle bei einem Hochwasser verschüttet worden sein. Das Badehaus war bereits verfallen. Angewendet wurde das Wasser bei Stein- und Sandleiden, und 1590 sagt eine Frau Rabl, daß es „schwefelig" mit Salpeter und Kupfer vermischt sei. Abt Valentin schrieb 1567, daß er in das Wildbad zu Donnersbach reiste, um sich von Kopfweh und Schwindel zu kurieren. In den letzten Jahrzehnten kam es zu einigen erfolglosen Versuchen, die verschollene Quelle aufzufinden.

Römerstein mit Weihinschrift
Ob dieser im Schloß Donnersbach gefundene Römerstein in Zusammenhang mit dem ehemaligen Wildbad steht, ist unbestätigt. Die Inschrift auf diesem Votivstein besagt:
„Den beiden Nymphen geweiht. Gaius Annius Juvenalis hat sein Gelübde gerne nach Verdienst gelöst."
Interpretiert wird diese Inschrift als Danksagung für eine erfolgreiche Badekur in der Quelle von Donnersbach, etwa im 2. oder 3. Jahrhundert nach Christus. Mit der Nennung von zwei Nymphen wird die Existenz von zwei Quellen angenommen.

Der Gamsbrunnen

Ennseck

Zwischen Hochtor und Zinödl liegt das Ennseck mit der Heßhütte. In der Nähe entspringt am Abhang des Zinödls der Gamsbrunnen, dessen Wasser goldhältig und kräftigend sein soll. Wenn nun Gemsen oder Schafe das Wasser oft trinken, bekommen sie mit der Zeit ein vergoldetes Gebiß. Genauso kann es Menschen ergehen. Sowohl Mensch als auch Tier werden vom frischen Quellwasser gestärkt.

Gaishorn

Die ehemalige heilige Josefi-Quelle

Versiegt ist mittlerweile die Josefi-Quelle in der Josefikapelle nahe der Virgilkirche bei Gaishorn. Jahrhundertelang pilgerten die Menschen auf diese Bergeshöhe, um hier vom Heilwasser zu trinken und sich die Augen auszuwaschen. Von der Heilkraft der Josefi-Quelle zeugen unzählige Votivbilder. Sogar Blinde sollen durch das Josefiwasser wieder sehend geworden sein.

Die versiegte Heilquelle

Bei der Josefikapelle bei Gaishorn floß in alten Zeiten eine Quelle mit heilkräftigem Wasser und hieß Josefi-Quelle. Zahlreiche Blinde brachte man dorthin, und wenn sie mit dem Quellwasser ihre blinden Augen wuschen, wurden sie sehend. Bald wurde diese Heilquelle im ganzen Land bekannt und zog viele Heilbedürftige an. Eines Tages führte aber ein frevelnder Roßknecht aus Wald ein blindes Pferd zur Quelle und trieb dort Spott. Das blinde Pferd wurde sehend, aber die heilkräftige Josefi-Quelle versiegte für immer.

Das goldene Ziegenhorn

Vor langer Zeit bedeckte das ganze Paltental ein riesiger See. In der Nähe der altehrwürdigen Virgilkirche stand zu jener Zeit an der Berglehne ein Fischerhaus. Als der Fischer eines Tages auf den See fuhr, um zu fischen, verfing sich in seinem Netz ein goldenes Ziegenhorn. Die Leute glaubten, ein Wunder des hl. Virgil sei geschehen, und zur Erinnerung an den kostbaren Fang des Fischers erbauten sie eine neue Ansiedlung, die sie Gaishorn nannten.

Das Schlangen- oder Pfaffenbrünnlein

In alter Zeit betreute ein Mönch die Virgilkirche, der in der Woche einmal, auf seinem Esel reitend, von Admont über die Kaiserau durch den Flitzengraben nach Gaishorn kam. Eines Tages mußte der Mönch auf der Treffner-Alm einen alten schwerkranken Mann versehen. Als ihn beim Aufstieg von Gaishorn über die Weidalm der Durst sehr quälte, vergaß er seine strengen Vorschriften und trank aus einer nahe sprudelnden Quelle. Seit dieser Zeit wagte sich niemand mehr in die Nähe der Quelle, denn zahlreiche Schlangen umzüngelten sie.

Man nannte die Quelle von nun an das „Schlangen- oder Pfaffenbrünnlein".

Ein Jubiläumsfestgedicht

Auf sanften Hügeln lieblich hingebettet
Hast Du Jahrhunderte Dein Sein gerettet.
Durch fünf Jahrhunderte, ein halb Jahrtausend,
Schaust Du ins grüne, schmale Tal der Palten
Und träumst von Vielgeschick und Vielgestalten,
Am Hügelhang sich brechend und erbrausend.

Sankt Virgil kam vor mehr als tausend Jahren
Trotz Not und Tod, trotz Hemmnis und Gefahren
Ins Wald- und Ödland unsrer lieben Steier.
Hoch hob das Kreuz er in die rauhen Lüfte
Und falsche Götter stürzten in die Grüfte
Und tausend Herzen dankten dem Befreier.

Um ihn zu ehren, ihm zum Treugedenken
Wollt eine Nachwelt ihm ein Heiltum schenken
Dahier in dieses stillen Tals Gelände.
Sie folgte willig ihrem Herzensrufe
Und über Gaishorns trauter Hügelstufe,
Da regten freudig bauend sich die Hände.

Kurz währt der Segen nur in ersten Jahren,
Denn schon durchtobt der Schreck der Türkenscharen
Das Tal der Palten, Sturmesglocken wimmern,
Die Herzen bangen, Feuerpfeile steigen,
Die Flammen tanzen prasselnd ihre Reigen,
Virgiliens Heiltum liegt in Schutt und Trümmern.

Doch wie der Phönix steigt aus seiner Asche,
So stiegst auch Du auf sanfter Grünterrasse
Aus Deinen Trümmern, schöner als vor Jahren.
Und Deine Mauern grüßen Wald und Wiesen,
Und Deiner Glocken Harmonien fließen
Durch eine Zeit von Glück und voll Gefahren.

Was sahst Du doch der Zeiten bunten Wandel;
Zu Deinen Füßen blüht Geschäft und Handel,
Der Wohlstand lacht, die schweren Wagen rollen,
Es zieht die Straße jauchzend auf und nieder,

Gelöster Brust entsteigen frohe Lieder. –
Dann wieder hörst Du schwere Donner grollen.

Kanonen dröhnen, und die Waffen klirren,
Die Mütter jammern und die Kinder irren,
Den Himmel rötet weit die Glut der Brände.
Ja, selbst nach Deinem Heiltum lechzt die Meute,
In jüngsten Jahren wählt man Dich als Beute,
Man streckt nach Dir vermeßne Frevlerhände.

Profanen Zwecken will man Dich erwerben!
In zähem Kampf entriß Dich dem Verderben,
Auf Gott vertrauend, ohne Furcht und Zagen,
Ein kluger Mann. Leicht war nicht das Erzwingen.
Doch seht den Bau! Welch prächtiges Gelingen,
Fast neu erscheint er uns in diesen Tagen.

Gott lohnt die Mühen und die tausend Sorgen.
Nun steht Sankt Virgils Kirchlein wohlgeborgen.
Und wie in all den vielen hundert Jahren
Ein Hort es war, ein Born von Glück und Gnaden,
So mag es weiter fromme Pilger laden
Und Ort und Tal vor Nacht und Not bewahren!

Alois Mair-Weinberger

Bild linke Seite: Die Austrittsstelle der Schwefeltherme in Gams befindet sich in einer Schlucht.

Virgilkirche und Josefikapelle

1448 wurde mit dem Kirchenbau, der 1465 fertiggestellt war, begonnen. Bereits 1480 wurde er durch die Türken zerstört und 1524 wieder aufgebaut. Bemerkenswert ist der Hochaltar mit einem Altarblatt des hl. Virgil (1733) und der Leonhardialtar. Es existieren auch Votivbilder aus der Zeit, als das heilige Josefibrünnlein noch floß. Einige Votivbilder mit der Aufschrift „Ex voto" (aus Dankbarkeit) sind mit 1700, 1705, 1706, 1718 und 1720 datiert.

Die Schwefeltherme

Gams bei Hieflau

Als „nicht untersuchte Schwefelquelle" wird 1858 die Quelle am Ufer des Gamsbaches, kurz vor Ende der Klamm „Die Noth", östlich von Gams bei Hieflau, erwähnt. Von der Bevölkerung wird dieses schwefelhältige Wasser seit undenklichen

Zeiten als Heilmittel genutzt und als „Schwefeltherme" bezeichnet. Am Ende des 19. Jahrhunderts wurde das Quellwasser mittels einer Holzrohrleitung in ein Mineralbad in Gams geleitet. Dieses Bad dürfte jedoch nur einige Jahre bestanden haben. Nach dem Zweiten Weltkrieg kam es zu Versuchen, die Schwefelquelle wirtschaftlich zu nutzen, wofür jedoch notwendig war, die Quelle vom eindringenden abkühlenden Bachwasser zu trennen. An Inhaltsstoffen wurden 92,8 mg Calcium, 23,5 mg Magnesium, 69 mg Natrium, 108 mg Sulfat, 183 mg Chlorid und 174 mg Hydrogencarbonat festgestellt. Die Wassertemperatur ist stark schwankend. Die Quelle ist mit einer Betoneinrandung gefaßt.

Hall bei Admont

Die Salzquellen

Am rechten Ufer des Eßlingbaches in Oberhall, rund 100 Meter südlich des Baches, tritt eine Salzquelle hervor, von der 1880 F. Standfest berichtet:

„In den früher erwähnten Salzthon und Gypslager am Ostfuße des Leichenberges fand ich nach langem Suchen und Kosten endlich auch die Salzquelle, auf welche die Admonter so stolz sind, der sie nicht weniger als 70% Salz zuschreiben, die die Anlage eines Soolenbades ermöglichen ... soll ... Trotz aller dieser weitgehenden Pläne wußte sie mir Niemand der Marktbewohner zu zeigen ... Die Salzquelle, die schon Stur gekannt haben dürfte, ist ein sehr kleines Bächlein, welches nur einige Meter über dem Spiegel des Esslingbaches sich aus dem Salzthon herausgearbeitet, kaum Handbreit wird und nach sehr kurzem Laufe sich mit einem etwas größeren aber süßen Bächlein vereinigt ... Wiewohl das Wasser bisher noch nicht chemisch untersucht wurde, so überzeugt man sich durch den Geschmack sofort von seinem geringen Salzgehalt ... (kaum 9–10%)."

Eine 1989 durchgeführte Wasseranalyse ergab 7750 mg Natrium, 291,7 mg Magnesium, 1002 mg Calcium, 12081 mg Chlorid und 1142 mg Sulfat.

Eine weitere Salzquelle entspringt im Großen Sulzgraben östlich von Hall. Beide Quellen wurden von den Bauern der Umgebung zur Speisenzubereitung verwendet.

Die Salzstelle Hall bei Admont
Bereits im Jahr 931 soll die Salzstelle Hall als Eigentum des Hochstiftes Salzburg betrieben worden sein. Später erhielt das Stift Admont die Salzstellen und Salzpfannen. 1543 gab Admont die Salzgewinnung auf. Die Salzquellen wurden verschlagen und durch Einleitung von Süßwasser unbrauchbar gemacht. 1878 beabsichtigte man in Hall ein „Solebad" zu errichten, was jedoch nicht zustande kam.

Kohldümpfl oder Hallbachseerl

Hallgraben/ Bad Mitterndorf

Auf der rechten Seite des gegen den Wandlkogel ziehenden Hallgrabens, 1,3 Kilometer von der Einmündung des Hallbaches in die Salza entfernt, tritt man in 815 Meter Seehöhe auf den Quellursprung des „Kohldümpfls". Der Quellursprungtümpel ist zehn Meter breit und 30 Meter lang. Der Grund ist mit Schwefelabsätzen überzogen, und über dem Tümpel, der im Volksmund „Hallbachseerl oder Hallgraben-Seerl" genannt wird, ist deutlich Schwefelwasserstoffgeruch bemerkbar. Bei einer chemischen Wasseruntersuchung wurden 3,4 mg Chlorid, 234 mg Sulfat, 158 mg Hydrogencarbonat und 3,3 mg Schwefelwasserstoff festgestellt. Die schwankende Wassertemperatur liegt zwischen 0,6 und 9,6 Grad Celsius. Das „Calcium-Sulfat-Hydrogencarbonat-Schwefelwasser" wird nur von wenigen Personen als Heilwasser angewendet.

Das Augenbründl am Kalvarienberg

Haus im Ennstal

Das mit besonderer Heilkraft ausgestattete „Augenbründl" von Haus im Ennstal dürfte Anstoß zur Aufstellung eines Kreuzes gewesen sein, wie es an derartigen heiligen Quellen häufig der Fall ist. Denkbar wäre hier auch ein Zusammenhang mit einer Wallfahrtsstation auf dem Weg zur Wallfahrtskirche St. Margaretha in Oberhaus. Der Kalvarienberg von Haus geriet lange Zeit in Vergessenheit, bis er 1990 erneuert wurde.

Kalvarienberg
Der Weg bis zum Kreuz (5. Station) mit dem Augenbründl ist von vier Stationen, Ölberg, Geißelung, Dornenkrönung und

Kreuztragung, gesäumt. Die Stationenbilder schuf Prof. Franz Weiß. Das Abschlußkreuz mit einer Abbildung der Muttergottes wurde renoviert.

Irdning

Zum heiligen Brunn

Eine halbe Gehstunde von Irdning entfernt findet man den Quellaustritt „Zum heiligen Brunn". Dem Wasser wird Heilkraft bei den verschiedensten Krankheiten zugesprochen.

Der Brunn beim Keltentempel
Lange bevor die ersten deutschen Siedler in das obere Ennstal eindrangen, war dieses Berggebiet bereits besiedelt. Die Kelten nützten die Kraft der Natur und errichteten in der Nähe der Quelle einen Tempel. Das Wasser wurde bereits von den Kelten als heilkräftig erkannt. Das Bründl geriet auch in jener Zeit, in der dieses Gebiet fast menschenleer war, nicht in Vergessenheit, sondern wurde immer als „Heiliger Brunn" geschätzt.

Johnsbach

Das Heilige Bründl oder Orgelsbründl

Zwischen dem 2036 Meter hohen Leobner, der Leobner Mauer, dem Leobner Törl und dem sagenumwobenen Jungfernsprung nahe bei Johnsbach breitet sich die Aigelsbrunner Alm aus. Hier entspringt auch der Aigelsbrunnerbach, der Richtung Paltental fließt. Auf der Aigelsbrunner Alm entspringt auch das „Heilig Bründl", im Volksmund „Orgelsbründl" oder, wie es noch bezeichnet wird, der „Heiligenbrunn". Neben dem Bründl, dessen Wasser aus einem kleinen Trichter hervorquillt – seit kurzem in ein Rohr gefaßt –, steht seit 1826 ein Bildstock, der zu Ehren der Krönung Marias geweiht ist. Dem Wasser wird besondere Heilkraft bei Augenleiden bestätigt. Hier waschen sich die Wallfahrer die Augen aus und nehmen vom Orgelsbründl Wasser mit nach Hause. Alle zwei Jahre findet vor dem Bildstock und dem Bründl eine Bergmesse statt. Eine Inschrift besagt:
„Der heilige Brunn. Wer allhier für die Armen im Fegefeuer zu Ehren der allerheiligsten Dreifaltigkeit andächtig betet, hat 50 Jahre Ablaß. Dieses Bild ist erneuert worden im Jahre 1925.

Herzliebstes Kind, wo gehst du hin?
Gedenk, das ich Dein Mutter bin;
Ich liebe dich Herziniglich
stehe still und grüße mich. 1846"

Ein Blinder entdeckte das Orgelsbründl
Ein blinder Mann hatte einst einen lebhaften Traum, in dem er angewiesen wurde, daß er auf die Aigelsbrunner Alm nach Wasser graben gehen soll. Dieses Wasser werde ihn von seiner Blindheit heilen. Der Blinde ließ sich auf die Alm führen und begann zu graben. Als er das fünfte Loch mit seinen Händen ausgehoben hatte, quoll Wasser hervor. Sofort wusch er sich damit seine Augen, und er sah wieder.
Schnell verbreitete sich die Kunde von der wundervollen Heilung, und viele Blinde pilgerten hierher, wuschen ihre Augen, und so mancher bekam sein Augenlicht wieder.

Die Freveltat
Unzählige Wallfahrer pilgerten zum Orgelsbründl auf der Aigelsbrunner Alm, weil das Wasser dieser Quelle wegen seiner außergewöhnlichen Heilkraft bei Augenleiden weithin „gerühmt" war. Eines Tages führte ein Bauer sein erblindetes Lieblingspferd zur Heilquelle und wusch dem Pferd die Augen aus, wonach dieses sofort wieder sehen konnte. Das Wasser jedoch verlor wegen dieses Frevels sofort die Heilkraft, denn das Pferd gilt als Begleiter des Teufels. Ein heiliges Wasser darf zur Heilung eines erkrankten Pferdes nicht angewendet werden. Erst viele, viele Jahre später erhielt die Quelle ihre Heilkraft wieder zurück.

Der Kneippweg Kölbl   Johnsbach

Über diesen Kneippweg berichtet Hubert Walter in der Chronik von Johnsbach:
„Unweit des ‚Kölblwirtes' im rückwärtigen Talgrund von Johnsbach entspringt am Fuße des Ahornecks (erzführende Kalke und Grauwackenschiefer aus dem Silur-Devon) in der Talsohle der sogenannte ‚Kölbl-Johnsbach' als breitgefächerter Quellhorizont. Das glasklare Wasser mit stets gleichbleibender Temperatur durchfließt mit wenig Gefälle das flache Bachbett

und mündet schon nach 400 Metern in den eigentlichen Johnsbach, von dem auch das Dorf seinen Namen übernommen hat.

Nach gründlichen Untersuchungen des Wassers durch das Institut für Geothermie und Hydrologie in Graz stattete man diesen ‚Gesundbrunnen' mit verschiedenen Einrichtungen aus und eröffnete Landesrat Dr. Helmut Heidinger aus Graz dort am 5. 7. 1986 einen ‚Natur-Kneippweg' mit entsprechenden Schrifttafeln zur richtigen Anwendung. Diese Anlage erfreut sich guten Zuspruchs."

Johnsbach

Die „Drei kalten Quellen"

Unter großen Felsblöcken sprudeln im oberen Haindlkar, unterhalb der Hochtor-Nordwand, die „Drei kalten Quellen" hervor. Das geschmacklich einzigartige Wasser wird von hier geholt und in Flaschen als „Gesundbrunnen" mit nach Hause genommen. Die drei kalten Quellen frieren niemals zu.

Niederöblarn

Der Heilige Brunn

Vom Heiligen Brunn auf dem Gritschenberg bei Niederöblarn berichtet die Sage, daß in diesem Quell besondere Heilkraft steckte. Eines Tages kam eine Räuberbande zu diesem Brunnen, um ihre Wunden, die ihnen bei Kämpfen zugefügt wurden, im weithin bekannten Heilwasser auszuheilen. Sie wuschen Wunde für Wunde im Wasser der Quelle. Und nachdem jeder der Räuber alle seine Verletzungen ausgewaschen hatte, ließ die Heilkraft des Wassers nach.

Pyhrn

Der Schormacherbach

Abgeraten wird, das Wasser des Schormacherbaches in Pyhrn, oberhalb von Liezen, zu trinken. Dieses Wasser hat die Eigenschaft, kropferzeugend zu wirken.

Das Heilige Bründl

Rottenmann

Im Selzthal, unterhalb beim Schloß Strechau im Hauswald, sprudelt ein Heiliger Brunnen an die Erdoberfläche. Die Bevölkerung nützt dieses als „heilig" bezeichnete Heilwasser zur Heilung von erkrankten Augen und als Schutz vor Augenleiden. Aber auch bei Hautleiden wird der Heilige Brunnen bei der Wallfahrtskapelle „Maria zum guten Rat" aufgesucht. 1889 hieß es, daß die Quelle zu „Selzthal kropfheilend" ist. Geheilte danken durch die Anbringung kleiner Kreuze auf den umstehenden Bäumen.

Viele Pilger kommen zur Kapelle „Maria zum guten Rat", wo sie sich mit dem heilkräftigen Wasser die Augen auswaschen.

Der heilige Rupert erweckte eine Quelle
Auf seiner Wanderung durch die Steiermark kam der heilige Rupert auch in das Selzthal, wo er bei einer Quelle im Hauswald Erfrischung suchte. Rupert wusch sein Gesicht in diesem Bründl, wonach das Wasser eine besondere Kraft erhielt.

Der blinde Witulf wurde sehend
Einst stand der Torwart Witulf auf der Felsenfestung Strechau im Dienst des Freiherrn von Hofmann. Er war bereits alt und gebrechlich und schließlich in Ungnade des Herrn gefallen. Er wurde in den Hungerturm geworfen, wo man ihn jahrelang schmachten ließ. Durch einen besonderen Zufall kam er in die langersehnte Freiheit, war jedoch so geschwächt, daß er kaum gehen, mit seinen Händen nichts arbeiten und mit seinen Augen fast nichts mehr sehen konnte. Nur ein matter Schimmer der helleuchtenden Frühlingssonne drang in seine getrübten Augen.
Vorsichtig schwankte der alte Torwart den Berghang hinunter, und so kam er zur heiligen Quelle. Er beugte sich zum Quellwasser und wusch seine erblindeten Augen. Plötzlich sah er wieder so gut wie in den Tagen seiner Jugend. Er dankte Gott, daß er ihn zu dieser Quelle führte und ihm durch dieses Wunderwasser das Augenlicht wiedergab.

Das Heilige Bründl
Das Wasser des Heiligen Bründls bei Strechau soll die Eigenschaft haben, allerlei Krankheiten und Gebrechen zu heilen. Wenn Menschen mit frommem, gläubigem Sinn zur Kapelle pilgern und vom Wasser trinken oder sich damit waschen, werden sie gesund.

Kapelle „Maria zum guten Rat"
Im Inneren des gemauerten Kapellenbildstocks sprudelt das heilkräftige Wasser hervor. Zur einfachen Ausstattung gehören zwei neuzeitliche Legendenbilder. Eines berichtet von der Heilung eines Knaben von Hautausschlag durch Bründlwasser und die Fürbitte Marias, das andere berichtet von der Heilung eines blinden Mädchens. Auf einem weiteren, älteren Marienbild steht: „Quelle der Gnade, träufle Trost in das liebende Menschenherz, 1892."

Das Butterbründl

Weng

Eine besondere Kraft spricht man auf der Eggeralm dem „Butterbründl" am Aufstieg zur Ennstalerhütte zu. Vom Gstatterboden, kurz nach dem Kropfbründl, zweigt man zur Ennstalerhütte ab. Im Butterbründl wird Butter eingekühlt, wonach diese besonders kräftigend und schmackhaft wird. Neben dem Butterbründl stand einst ein mächtiger Fichtenbaum, von dem nur mehr ein vermodernder Strunk vorhanden ist. Hier ruhten die Butterschmalzträger auf ihrem Weg in das Tal ein wenig aus. Daher wurde der Baum „Schmalzfeichten" genannt.

Das „Kalte Bründl"

Von Gstatterboden weiter auf die Kroißenalm entspringt das „Kalte Bründl". Dieses Quellwasser bewahrt Menschen, das Almvieh und das Wild vor Verkühlungen und diversen Krankheiten. Und obwohl dieses Wasser dem Berg besonders kalt entspringt, friert dieser Quell auch im strengsten Winter niemals zu.

Das Kropfbründl

Oberhalb des „Gstatterbodenbauern", dem jetzigen Jagdhaus in Gstatterboden im Ennstal, entspringt das „Kropfbründl". Das kühle Quellwasser, das über eine Holzrinne in einen Holztrog rinnt, beugt gegen Kropfbildung vor.

Die Bitterwasserquelle auf der Menggalm

Weißenbach an der Enns

Bei der Menggalm in Oberlaussa, im Bereich des breiten Talschlusses des Pölzalmbaches, entspringt eine Kochsalzquelle, die mit jener 1862 erwähnten „Bitterwasserquelle" oder „Laussachquelle" identisch sein dürfte. Diese Quelle war dem Volk schon lange Zeit als Heilquelle bekannt. Eine Wasseranalyse im Jahr 1972 ergab 1,98 mg Natrium, 3,04 mg Chlorid und 2,42 mg Sulfat.

Weißenbach an der Enns

Haidacher Salzquellen

Am Westabfall des Haidaches, gegenüber der ehemaligen Papierfabrik in Weißenbach an der Enns, entspringt eine Solequelle. Eine Wasseranalyse ergab 47,68 mg Natrium, 1 mg Calcium, 73,32 mg Chlorid und 3,74 mg Sulfat. Das Wasser ist als „Kochsalzwasser" zu bezeichnen.

Diese Quelle dürfte mit der alten verschlagenen Solequelle von Weißenbach nichts zu tun haben. J. A. Janisch berichtet 1885, daß durch mehr als ein halbes Jahrtausend eine Salzquelle genutzt worden war, bis sie auf kaiserliche Verfügung 1543 und 1550 sowie, als sie wieder hervorbrach, im Jahre 1648 verschlagen wurde. Die Quelle wurde von den Bauern, die auch nach weißem Salzkern gruben, genutzt.

Weißenbach bei Liezen

Die schwefelhältige Salzinger-Quelle

Quellen mit erhöhtem Schwefelgehalt sind der Bevölkerung nordwestlich vom Müllnerkogel, bei der Flurbezeichnung „Hirschenhackl" in Weißenbach bei Liezen, bekannt. Eine der drei Quellen wird „Salzinger-Quelle" genannt.

Wörschach

Die elf Schwefelquellen

Seit wann die Schwefelquellen von Wörschach als Heilquellen genützt werden, ist unbekannt. Bestätigt hingegen ist, daß bereits im 15. Jahrhundert die Menschen das heilsame Wasser anwendeten. 1839 kam es zur Eröffnung der Kuranstalt Mineralbad Wolkenstein mit acht Badekabinen, ausgestattet mit Holzwannen. Der Kurbetrieb konnte bis 1977 aufrecht erhalten werden.

1915 bestanden in Wörschach zwei Bäder, das „Bad Wolkenstein" und das „Klammbad". Elf Schwefelquellen sprudeln an den Hängen des Gameringstein zutage. Neun Quellen entspringen auf einer steilen Wiese in einem Umkreis von 170 Meter und einer Höhenlage von 765 bis 830 Meter, die übrigen zwei Austritte sind westlich des Baches in 700 bzw. 800 Meter Höhe. Das Wasser ist als Calcium-Magnesium-Sulfat-Hydrogencarbonat-Schwefelwasser zu bezeichnen und als Heilquelle anerkannt.

Zwischen den Bergen hinter Wörschach sprudeln die Schwefelquellen hervor.

Bezirk Mürzzuschlag

Der Säuerling im Jasnitztal

Allerheiligen im Mürztal

Die Quelle im Jasnitztal wird über eine Rohrleitung in einen Holzbrunnentrog geleitet. Hinter der heilkräftigen Quelle steht ein Wegkreuz mit einem geschnitzten Christus. Der Säuerling ist ganz schwach mineralisiert.

Die Quelle am Ganzstein

Mürzzuschlag

Nahe der Ganzsteinhöhle bei Mürzzuschlag sprudelt eine kleine, klare Quelle zu Tal. Dieses Quellwasser ist wegen seiner Frische und Klarheit als kräftigender Brunn beliebt.

Das Kind im Ganzstein
Wenn man von Mürzzuschlag den Fluß abwärts dahinschreitet, erblickt man zur Linken einen hohen Felsen, der Ganzstein genannt wird. In diesem Berg befindet sich eine Höhle, in der große Schätze verborgen sein sollen. Ein enger Felsspalt am linken Ufer der Mürz, aus dem eine kleine, klare Quelle hervorsprudelt, bildet den Eingang zu dieser Schatzhöhle, die von einem Geist, dem Ganzstein-Micherl, sorgsam gehütet wird. In gewissen Nächten, zuweilen aber auch bei hellem Tag, soll sich dieser Felsspalt erweitern, und man sieht dann an der Quelle den Geist, gewöhnlich in der Gestalt eines kleinen, grauen Zwergleins mit gutmütigem Gesicht, erscheinen. Von manchen ohne Verschulden in harte Bedrängnis geratenen Menschen um Hilfe angerufen, schleppte dieser Berggeist aus dem Innern der Höhle schwere Säcke Geldes auf dem Rücken herbei und beschenkte damit die Notleidenden; gar mancher Bauer im Tal und auf den Bergen des Mürzgaues verdankt ihm auf diese Weise noch von Großvaters Zeiten her seinen Wohlstand. Aber so hilfreich der Geist wirklich Bedürftigen beistand, so schrecklich rächte er sich an jenen, die aus un-

Bild linke Seite: Das Ganzsteinmanderl. Illustration von DDr. Peter Schachner-Blazizek, 1996.

lauteren Absichten ihn anriefen. Geizhälse neckte er auf eine grausame Weise, und solchen, die an ihn nicht glaubten oder seiner spotteten, erschien er in riesenhafter Gestalt; manche wollen ihn auch in der Tracht eines Steinbrechers gesehen haben.

Wer ohne des Geistes Wissen und Willen in das Innere des Berges gelangt, der kommt nicht mehr heraus, es sei denn, daß er etwas zurückließe, was er aber dann niemals wieder erhält.

Da lebte nun einmal in der dortigen Gegend eine Hammerschmiedin, die mit ihrer Lage nicht zufrieden war, sich anstatt ihres Kindes lieber ein besseres Leben und viel Geld wünschte, um ihre Gelüste befriedigen zu können. Einst in einer Christnacht ging die Frau mit ihrem Kindlein auf dem Arm nach Mürzzuschlag zur Kirche. Als sie zum Ganzstein kam, bemerkte sie, daß sie vom richtigen Weg abgekommen war. Sie glaubte, auf eine Irrwurzen getreten zu sein und infolgedessen sich vergangen zu haben; am Ende wußte sie gar nicht mehr, wo sie eigentlich war. Das Rauschen der Mürz, das sie früher so deutlich vernommen hatte, war plötzlich verstummt; im Wald, in den sie geraten war, bewegten sich kleine Lichtlein hin und her, und es wurde ihr ganz unheimlich. Endlich bemerkte die Hammerschmiedin in der vom Mondschein beleuchteten Steinwand des Ganzsteins eine Höhle, worin sich viele Schätze befanden; ein großer Karfunkel erhellte das Gewölbe, und in diesem standen zwölf große Fässer, alle mit blinkenden Dukaten vollgefüllt.

Als die Frau diese Herrlichkeiten sah, erwachten in ihr alle früheren heimlichen Wünsche. Sie trat in die Höhle, setzte ihr Kind auf einen Stein, füllte nun ihre Taschen und die Schürze mit Goldstücken an und verließ dann die Höhle, um schnell heimzueilen. Unterwegs erinnerte sie sich, daß sie ihr Kind in der Höhle gelassen hatte, und eilte nun hastig zurück. Aber die Hammerschmiedin konnte die Öffnung nicht mehr finden. Jammernd irrte sie die ganze Nacht bis in die frühe Morgenstunde bei der Wand des Ganzsteins herum und bat die Leute, welche zur Kirche gingen, ihr das verlorene Kind suchen zu helfen. Es war umsonst, die Mutter erhielt ihr Kindlein nicht mehr.

Bald darauf fand man in der Mürz den Leichnam der unglücklichen Hammerschmiedin; ihr Haar hatte sich fest um ein paar

Baumwurzeln gewickelt. Das Kind im Felsen aber schreit oft um seine Mutter, wie es Leute, die um die Mitternachtszeit beim Ganzstein vorübergingen, gehört haben.

Der Pilgerbrunnen und das Brunnenhaus

Neuberg an der Mürz

Alte Aufzeichnungen besagen, daß bei der ehemaligen Zisterzienserstiftskirche, der Pfarrkirche Mariä Himmelfahrt, in Neuberg an der Mürz sich der alte Pilgerbrunnen befindet. Dem Brunnenwasser wird Heilkraft zugesprochen. Die genaue Lokalisierung des Brunnens ist derzeit nicht mehr möglich. Eingebunden in den Kreuzgang ist das Brunnenhaus mit einem steinernen kleinen Brunnentrog an der Wand. Die Wasserzufuhr ist nicht mehr vorhanden. Ursprünglich bestand im Brunnenhaus ein großer Brunnentrog. Aus dem 19. Jahrhundert wird berichtet, daß das Wasser aus dem Brunnenhaus Heilkraft hat und von den Leuten mit Fischlageln geholt wird. Mit dem Wasser, das aus einem Steinrohr in den steinernen Brunnen fließt, werden auch Augen ausgewaschen. Ein weiterer Brunnen aus dem Jahr 1577 steht im Brunnenhof. Dieser befand sich einst auf dem Stiftsvorplatz auf dem Marktplatz.

Im Stift Neuberg bestehen mehrere Brunnen. Im Bild jener im Brunnenhof.

Kirche und Klostergebäude
Von der Kirche gelangt man in den Kreuzgang, der einen rechteckigen Hof umschließt. Der Nordflügel (geweiht 1344) war ehemals der Fußwaschungs- und Lesegang. Etwas jünger ist der Südflügel mit dem sechseckigen Brunnenhaus. Im Fußwaschungsgang fand am Gründonnerstag die vom Abt durchgeführte Fußwaschung an zwölf alten Männern statt. An den Wänden im Innenhof sind die Wasserauslaßstellen deutlich sichtbar (vermauert).
Im 19. Jahrhundert wurde im Schlösselpark eine kleine Kuranstalt mit Heilbad betrieben. Heute steht im Lindenhof ein steinerner Brunnentrog mit Sitzfläche, ähnlich einer Sitzbadewanne. In der Sakristei besteht eine alte Brunnennische. Auch in der Kirche gibt es eine gotische Nische mit Abflußbecken. Die Bezeichnung Pilgerbrunnen hat der im Stift wohnhafte Hobbyhistoriker Theodor Scheifinger nie gehört oder gelesen.

Spital am Semmering

Der Frauenbrunnen

Eines Tages fanden Hirten an einer Quelle im Cerwald eine Marienstatue, die von den Räubern aus der Kirche von St. Marein im Mürztal gestohlen und bei der Quelle weggeworfen worden war. Die Hirten stellten die Statue bei der Quelle auf und kamen oft zur Andacht hierher. Die Quelle wurde von nun an „Frauenbrunnen" genannt, und das Wasser war bald als heilkräftig bekannt. Auch Markgraf Otakar III. von Steyr hörte davon und baute dort 1160 eine Kirche und ein Hospital, das den Namen „St. Maria im Cerwald" erhielt. Nun kamen auch Siedler hierher, und somit wurden auch die hier lebenden Räuber zurückgedrängt und der Ort Spital am Semmering gegründet.

Das wunderwirkende Frauenbrunnwasser
Beim Bau der Frauenbrunnkapelle sahen die Arbeiter im Wasser eine Spiegelung der Heiligen Familie auf der Flucht nach Ägypten. Viele Menschen hörten davon und kamen zur Quelle. Kranke wuschen sich, und viele wurden wieder gesund. Manche tranken das Wasser aus eisernen Löffeln oder nahmen es

Arbeiter sahen in der Quelle die Spiegelung der Heiligen Familie. Illustration von Otto Fink, 1998.

mit nach Hause. Schüttete man ein wenig Wasser in ein Feuer, so erlosch dieses sofort. Zur Pestzeit brachte man ein totes Kind zur Quelle und wusch es. Das Kind wurde dadurch wieder zum Leben erweckt.

Das Totenwaschwasser „Ulrichsquelle"

Stanz im Mürztal

Unmittelbar neben der Wallfahrtskirche St. Ulrich in Stanz entspringt die sogenannte „Ulrichsquelle", die ungefaßt in den nahen Bach abrinnt. Bis 1909 stand bei der Quelle die Ulrichsbrunnkapelle, die Ziel vieler Wallfahrer war. Hier holten die Menschen heilkräftiges Wasser, das sie tranken oder mit dem sie sich die Augen auswuschen. Das Ulrichswasser wurde aber auch für einen ganz besonderen Zweck verwendet. Die Verstorbenen dieser Gegend wurden, bevor man sie festlich kleidete, mit dem Pferdefuhrwerk zur Quelle transportiert und dort mit dem Ulrichswasser gewaschen. Bei diesem Reinigungsritus sollte nicht nur der Leib, sondern auch die Seele gereinigt werden.

Quellengeheimnis
Hier herrscht eine starke weibliche Kraft vor. Ich sehe das Wasser silberhell unter der Erde über Steine fließen. Es ist eine Mondquelle, das Wasser schmeckt gut.

(Angela Stoißer, 1997)

Stanz im Mürztal

Der Sauerbrunn

Zwischen Stanz und der Unteren Stanz befindet sich der Sauerbrunn, ein kleiner Tümpel, in dem das Aufsteigen von Gasblasen zu beobachten ist. Schon 1889 heißt es: „Auf der vulgo Moosbauerwiese findet sich ein Lager von Tuffstein und eine mit Kalk inkrustierende Quelle."
Doch bereits 1799 wurde diese Quelle erstmals als „inkrustiertes Wasser im Stanzbach, Brucker Kreis" schriftlich erwähnt.

Säuerlinge und Gase am Sonnberg

Zu einem kuriosen Phänomen kam es im Keller von August Dunst vom Sonnberg 26 bei Stanz. In einem Bericht aus dem Jahr 1943 heißt es:
„Hier liegt in etwa 865 m Seehöhe und rund 180 m über der Sohle des Fochnitzgrabens auf einem Rücken zwischen tief eingeschnittenen Seitentälern das Anwesen des Besitzers Primus Dunst. Im Keller des Hauses strömt fortwährend Kohlendioxyd aus dem Erdreich und sammelt sich über dem Boden des Kellers an; bei kaltem Wetter ist die mit CO_2 angereicherte Schichte nur 20–30 cm hoch; bei warmem Wetter jedoch wird sie wesentlich mächtiger. Südlich des Stallgebäudes entspringt etwas unterhalb des Randes der Hangschulter, welche das Gehöft trägt, ein schwacher Säuerling; er zeigte am 4. Dezember 1942 wenig mehr als etwa 1/50 l/sek. Schüttung und 7,3° C Wärme, 3,6° vorübergehende, 1,8° dauernde und 5,4° Gesamthärte.
Noch etwas tiefer rieselt in einer ganz seichten Hangfurche, die erst weiter unten sich etwas stärker in das Gelände einsägt, ein zweiter noch schwächerer Sauerbrunnen aus dem Verwitterungsschutt des hier anstehenden Glimmerschiefers."

Bezirk Murau

Die Quelle des Paracelsus

Wildbad Einöd

An der alten Römerstraße an der Grenze zwischen Steiermark und Kärnten sprudeln die Quellen von Wildbad Einöd zutage, das in alten Urkunden „solitudo prope Friesach" genannt wird. In unmittelbarer Nähe befand sich auch eine kleine römische Siedlung mit Poststation, die von Historikern und Hobbyforschern wegen ihrer Bezeichnung als „Noreia" heftigst umstritten ist. Ob den Römern das heilkräftige Wasser bereits bekannt war, kann nicht nachgewiesen werden.

Um 1400 aber wurde die Quelle, wie ein lateinisches Lobgedicht auf die Grebenzen vom St. Lambrechter Abt Rudolf von Liechteneck (1387–1419) besagt, geschätzt: „Von dorther fließen durch ihre Wärme heilende Schwefelquellen, durch deren Wasser der Kranke des öfteren Heilung findet."

Den warmen Sauerbrunn in der Einöd nahe von Neumarkt erwähnt auch der berühmte Arzt und Naturforscher Paracelsus im 16. Jahrhundert: „Hat auch im alten Kärnten, als ein Meil von Friesach in der Ainöd ein sawrer Brunn, der von Natur an ihm selbst warm, welcher Sauerbrunn nit viel seindt in gemein, die ihre Sawre in der Wärm behalten."

Auf der Landkarte des Herzogtums Steiermark von Georg Matthäus Vischer ist „Ained" im Jahr 1678 als Badeort eingezeichnet. 1777 wird von diesem Bad berichtet: „Einöd. Bad in Steuermark. ... Sein Wasser ist im Sommer sehr kalt, gefriert nicht im Winter, sondern rauchet, und doch ist es alsdann nicht warm, es hat weder einen besonderen Geruch, noch Geschmack. ... Als es nach Wien geführet worden, war es klar, lauter, hell, doch hin und wider mit wollichten Zotten untermengt, im Geschmack hat es nichts sonderliches.

Grundtheile. Wenn man alle die versuchten chimischen Auflösungen zusammenhält, hat es folgende an Tag gegeben:

nämlich in zwey Pfunden dieses Wassers sind
1. Von einer absorbirenden mit etwas Eisen vermischten Erde zwölf Gran.
2. Selenitsalz vier Gran.
3. Muriatisches acht Gran."

Zu dieser Zeit kamen Kurgäste, die an Krätze, Geschwüren an den Füßen, Lähmungserscheinungen, Gicht und Verstopfungen litten, in das Wildbad. Es bestanden unterschiedliche Pensionspreise. Offiziere bezahlten für zwei Mahlzeiten pro Tag 42 Kreuzer, Gemeine 30, Diener 20 und Bauern 12 Kreuzer. Die Wannenbadbenützung kostete 3 Kreuzer, und 1 Kreuzer war für die Badedirn zu bezahlen. Die Verpflegung für Offiziere bestand zu Mittag aus sechs und am Abend aus vier Gerichten. 1860 wurden die drei Warmquellen (Hauptquelle, Scheibstattquelle, Straßenquelle) erwähnt. Diese Quellen wurden durch eindringendes Mooswasser stark abgekühlt. Für Trinkkuren und für den Versand dienten um 1914 die St. Georgs-Quelle und für den Badebetrieb die Bade-, Stahl- und Schwimmbadquelle. 1928 war von fünf Quellen, der St. Georgs-, Michael- (Stahlquelle), Ignaz-, Römer- und Schwimmhallenquelle, und 1975 von vier Thermalsäuerlingen, der Ignaz-, Georgs-, Michael- und Hallenbadquelle, die Rede.
Trinkkuren kommen bei entzündlichen Erkrankungen des Magen-Darm-Traktes, Gastritis und der ableitenden Harnwege zur Anwendung. Bäder werden bei diversen Herzerkrankungen, Gefäßerkrankungen, Erholungsbedürftigkeit, Kreislaufstörungen, Affektionen des Bewegungsapparates degenerativer Natur und Zyklusstörungen verabreicht. 1889 wurde berichtet, daß die Quelle von Einöd für Gicht, Rheuma, Ausschläge und Lähmungen wirksam sei.

Edeltraud-Bild
Im Kurhaus hängt ein Bild, das die Schutzpatronin der Heilbäder, die heilige Edeltraud zeigt. 1694 stiftete der Gurker Bischof Johann Freiherr von Goes dieses Altarbild für die Kapelle des Badehauses in Einöd. Auf dem Bild ist die Heilige als S. Ediltrudes bezeichnet, wie sie einer Person den Kopf wäscht, während sich eine zweite Person in einer Wanne die Füße badet.

Bild linke Seite: Die hl. Edeltraud ist die Schutzpatronin der Heilbäder.

Oberwölz

Der Heiligengeisttau auf dem Eichberg

Von St. Peter aus kommt man über den Kammersberg zum Eichberg, wo auf rund 1300 bis 1436 Metern Seehöhe inmitten eines ausgedehnten Waldgebietes ein kleiner Teich zu finden ist, der als „Pfingstlacke" bekannt ist. Vor einigen Jahren noch kamen am Pfingstsonntag die Leute hierher, um ihre Kräfte beim Rangeln im Rahmen eines Volksfestes messen zu können. Dem stärksten Burschen winkte als Siegespreis das „Brett". Dabei handelt es sich um ein einfaches Lärchenschindel-Brett, das der Sieger mit nach Hause nahm. Aus der Pfingstlacke – auch Pfingstbrunnen genannt – wurde der „Heiligengeisttau" getrunken. Heute wird das Wasser nicht mehr getrunken, da der Teich trüb geworden ist. Dem Wasser der Pfingstlacke (Pfingstbründl) sagte man zu den Pfingsttagen besondere, kräftigende Wirkung zu. Der Brauch des Rangelns und der Besuch der Pfingstlacke zu Pfingsten ist abgekommen. Die Hütte, wo gerangelt wurde, verfällt.

Zu Pfingsten bekommt das Wasser der Pfingstlacke auf dem Eichberg besonders kräftige Wirkung.

Die Heilige Quelle auf der Lugtratten

Oberwölz

Im steirischen Oberland findet man noch einige „Pfingstbründln" oder „Heiligengeistbrunnen". Ein derartiges Bründl gibt es auf der Lugtratten bei Oberwölz, wo sich die Bevölkerung zum „Opfern" versammelt. Opfern heißt, daß die Leute kleine Steine auf die Oberfläche eines nahe der Quelle liegenden großen Steinblocks ablegen. Mit diesem Stein verbindet sich eine teuflische Geschichte. Am Pfingstsonntag herrscht hier Hochbetrieb. Die Burschen rangeln miteinander und zeigen, wer der kräftigste unter ihnen ist. Heute noch kommt man hierher, um genauso wie vor Jahrzehnten aus der Heiligen Quelle zu trinken. Aus dem nahen Gebüsch werden Stäbchen geschnitten, die zu Kreuzen geformt neben der Quelle in den Boden gesteckt werden. Es ist ein alter Opferbrauch, der bei einigen heiligen Quellen in der Obersteiermark zu beobachten ist oder gebräuchlich war. Vom Quellwasser, das getrunken wird, erhofft man sich Stärke und ewige Jugend.

Auf der Lugtratten schloß der Teufel mit einem Mann einen Pakt. Illustration Edi Wuritsch, 1997.

Der Teufelspakt auf der Lugtratten
Auf der Lugtratten traf sich der Teufel mit einem Mann, mit dem er einen Pakt schloß. Über den Inhalt dieses geheimen Abkommens hat nie jemand etwas erfahren. Doch eines Tages wurde dieser Mann vom Teufel in einen Steinblock verwandelt, der nahe der Heiligen Quelle auf der Lugtratten liegt und auf dem noch immer die Leute kleine Steine opfern.

Pfingstbründl
Wasser aus gewissen Brunnen bekommt zu Pfingsten eine besondere Heilkraft. Früher einmal schmückte man zu dieser Zeit diese Brunnen mit Mooskränzen und Blumen, um ihre besondere Bedeutung hervorzuheben. Bis heute noch ist der Brauch, Brunnenfeste zu Pfingsten zu veranstalten, erhalten. In der Nähe von Murau sind einige derartige „Pfingstbründln" bekannt, deren Wasser auch „Heiligengeisttau" genannt wird. Am Pfingstsonntag nachmittag werden hier Volksfeste gefeiert, bei denen das Rangeln und das Trinken des Quellwassers im Vordergrund stehen.
Pfingstbrunnen oder Jungbrunnen gab es auch in der Umgebung von Scheifling und St. Lorenzen, wo die Leute am Pfingstsonntag hinzogen und bei der Quelle sangen, um ihre Jugend zu erhalten.
Weitere Pfingstbründln findet man bei Schöder und Hinterberg, nördlich von Katsch; die Pfingstlackn im Kreisleck befindet sich auf dem Rücken zwischen Gollberg-Köppl und Hinterberg, und südwestlich von Haus an der Enns, im Seewagtal gelegenen Bodensee.

St. Lambrecht — Die Quelle Heiligenstadt

Nördlich von St. Lambrecht steht das Kirchlein Heiligenstadt, in der eine heilkräftige Quelle hervorsprudelte. Abt Friedrich ließ 1303 über einer Therme das Kirchlein errichten. Das kostbare Heilwasser rann in ein Becken neben dem Hochaltar. Das Kirchlein wurde „zu Ehren des reichen Gnadenquells", das heißt des welterlösenden Blutes Christi, erbaut und von Wulfing, Bischof von Lavant, zu Ehren der heiligen Magdalena, der Brunnenschutzpatronin, geweiht.

Nachdem der Bauer seinem blinden Schimmel mit der Quelle von Heiligenstadt die Augen ausgewaschen hatte, wurde dieser wieder sehend. Illustration von Charlotte Kleindienst, 1998.

Der Frevel von Heiligenstadt
Hinter dem Hochaltar der Kirche von Heiligenstadt floß vor langer Zeit eine Quelle, die ein besonderes Heilmittel für kranke Augen war und deshalb auch von vielen Menschen besucht worden ist.
Einmal hat ein Ritter – oder es mag auch ein Bauer gewesen sein – einen Schimmel besessen, den er hoch schätzte, der aber an den Augen litt. Alles „Doktern" hatte nichts geholfen, und so dachte der Herr des Pferdes, auch für seinen Schimmel würde das Wasser von Heiligenstadt gut sein. So führte er das Roß in die Kirche hinter den Hochaltar und wusch seine Augen mit dem heilkräftigen Wasser. Das Pferde wurde zwar wieder frisch und gesund, aber nach diesem Frevel ist die Quelle versiegt und konnte nie wieder gefaßt werden.

Die Bitterquelle

St. Lorenzen ob Murau

1841 wurde erstmals im St. Lorenzener Graben bei Murau eine Bitterquelle erwähnt, und 1897 wurde bereits von einem kleinen Schwefelbad, dessen hölzernes Badehaus zwei Wannen enthält, berichtet. Ob diese Quelle mit jener kleinen Quelle, die nördlich der Brücke zur Gröbl-Hütte zutage tritt, identisch ist, ist nicht beweisbar.

St. Lorenzen ob Murau

Schwarenbrunn

Auf der Prankerhöhe nahe bei St. Lorenzen ob Murau an der steirisch-kärntnerischen Grenze sprudelte einst das mittlerweile versiegte Schwörenbrünnlein zutage. Dort trafen sich vor Zeiten die Bewohner der Nachbartäler zu Gerichtssitzungen. Dieser Richtbrunnen erscheint bereits im Jahre 898 als „fons conjuratus", als Grenzpunkt in der Güterschenkung König Arnulfs an Zwentibolch. Er findet auch in Urkunden der Jahre 1043, 1130, 1140 und 1414 als „Swaerenbrunn" Erwähnung. Es handelt sich um den ältesten urkundlich überlieferten heiligen Brunnen in der Steiermark.

Richtbrunnen waren Stätten alter Rechtshandlungen. Der Brauch, Rechtsprechungen bei einer heiligen Quelle durchzuführen, ist uralt. Diese Volksversammlung unter freiem Himmel wurde mit feierlichem Mahl und Getränk und eigener Gerichtsbarkeit abgehalten. Das Quellwasser spielte dabei eine wichtige Rolle, und so mancher Teilnehmer dürfte es zum Auswaschen der Augen angewendet haben. Im Volksmund wird dieser versiegte Quell noch immer als „Schwarenbrunn" bezeichnet.

Von der Schwörtratte bei Neumarkt berichtet Walter Brunner im Buch „Von Burgen, Rittern und Franzosen":

„Nicht nur Burgen, Fehden, Türken, Pest und Franzosen sind in der Form von Sagen bei der Bevölkerung in Erinnerung geblieben, sondern auch langwierige Streitigkeiten und Prozesse zwischen Gemeinden oder Nachbarschaften können Anlaß zu solchen Sagenbildungen gewesen sein und sind so der Nachwelt weitererzählt worden. Daß sich der Inhalt dieses Erzählgutes durch die Jahrhunderte herauf etwas verändert hat und je nach dem Standpunkt des Erzählers interpretiert worden ist, darf uns nicht wundern.

Eines der wenigen Beispiele für diese Sagengattung ist die Erzählung von der Schwörtratte bei Neumarkt, deren Entstehung wir sehr genau nachweisen können. Die Bürger von Neumarkt hatten in der sogenannten Heiden, dem Gmainwald zwischen Neumarkt/Strimitzen und der Perchau (später als Kuhberg bezeichnet), ihre Holz- und Weiderechte, die ihnen offensichtlich bei der Gründung des Marktes zugestanden worden sind. Bereits im 14. Jahrhundert wird nun von Streitigkeiten zwischen den Neumarktern auf der einen und den umliegenden Bauern von Diemersdorf, Perchau, Spielberg und Bischofsberg auf der anderen Seite wegen dieser Weiderechte berichtet. Die Bauern nahmen für sich das Recht zumindest im oberen Teil dieser Heiden in Anspruch, trieben dort ihr Vieh zur Weide, holzten nach Bedarf, und so kam es zum Streit mit den Neumarktern. Nach damaligem Recht versuchten sie ihren Besitzanspruch durch gegenseitige Pfändung des Viehs bzw. des gefällten Holzes zu wahren.

Der Prozeß zwischen den Neumarktern und den genannten Bauern ist zuerst in Graz und schließlich vor dem Hofrecht in Wien geführt worden. Im Jahr 1379 entschied Herzog Albrecht von Österreich zugunsten der Neumarkter. Damit war die Angelegenheit aber noch lange nicht beigelegt. Nur wenige Jahrzehnte war Ruhe; aber bereits 1444 hören wir schon wieder von einem Prozeß um die Heiden, dann neuerlich 1506/07, und auch 1518.

Im Jahr 1552 wäre es bald zu einer bewaffneten Auseinandersetzung zwischen den Bauern und den Bürgern gekommen, als sich die Bauern in der Heiden bewaffnet zusammengerottet haben. Die Neumarkter konnten ihren Rechtsanspruch zwar durchsetzen, haben aber wenig später den größten Teil ihres Kuhberges den Bauern der Umgebung verpachtet. Damit war dieser Streitpunkt beseitigt."

Die Schwörtratte und das Wilde Loch
„Bei Neumarkt liegt der waldige Kühberg, auch Schinderberg genannt. Vor Jahren gehörte dieser Grund zum Teil den Bürgern von Neumarkt, der andere Teil aber war Eigentum der angrenzenden Bauern. Da aber jene gerne den ganzen Grund besessen hätten, so versuchten sie zu beweisen, daß die Bauern widerrechtlich im Besitz ihres Anteils am Kühberg seien. Der Streit wurde dem Richter vorgelegt, der zur endgültigen Entscheidung die Parteien zur Eidesablegung vorlud, die sich auf einer kleinen Ebene am Kühberg versammelten, um hier in der schönen Natur unter Gottes freiem Himmel den Streit auszutragen. Der Richter forderte die Parteien auf, gewissenhaft ihre Gründe anzugeben, nach denen sie ein Anrecht auf den Besitz des streitigen Grundes zu haben meinten, denn sie müßten dann ihre Aussagen beschwören. ‚Aus jeder Partei', sagte der

Richter, ‚sollen zwei hervortreten und für die übrigen den Schwur tun; doch soll es ihnen freistehen, auf was sie schwören wollten!'

Nun hatten aber zwei Bürger im Einverständnis mit dem Richter, der es heimlich mit den Marktbewohnern hielt, hinsichtlich des Schwures schon früher sich verabredet, den Eid für ihre Mitbürger zu leisten. Und so hatte der eine einen Suppenschöpfer in seinen Hut, der andere aber Erde aus dem ihm eigentümlichen Garten in die Schuhe getan. Diese beiden traten nun vor, um den Eid im Namen der Bürgerschaft zu tun. Der erste erhob, ohne dabei wie sonst üblich das Haupt zu entblößen, die Hand und sprach: ‚So wahr der Schöpfer nahe über meinem Haupte ist, gehört der Grund uns Bürgern von Neumarkt!' Der zweite sagte: ‚So wahr ich auf meiner eigenen Erde stehe, ist der Grund unser Eigentum!' Die Bauern, verdutzt über die Ruchlosigkeit der beiden Bürger, enthielten sich des Schwures, waren jedoch innerlich vollkommen von ihrem Recht überzeugt. Einer trat vor und sagte: ‚Schwören wollen wir nicht, obwohl wir im Recht sind; denn wenn wir es auch beschwören wollten, so müßte jedenfalls eine Partei einen falschen Eid abgelegt haben, und würde man, weil schon immer ihr Bürger eher Recht habt als wir einfältigen Bauern, sagen, wir hätten falsch geschworen. Doch behüte uns Gott davor! Lieber behaltet ihr den Grund! Aber so wahr ihr falsch geschworen habt, soll auf der Stelle, wo die Meineidigen gestanden, kein Gras mehr wachsen!'

Die Eidesverweigerung der Bauern wurde als Zugeständnis ihres Unrechtes angesehen und der Grund daher den Neumarktern zugesprochen.

Die Ebene auf dem Kühberg, wo diese Begebenheit sich zugetragen, heißt im Volksmund die ‚Schwörtratte' und soll auch von der Stunde an, wo die Meineidigen und des Richters Tisch und Stuhl gestanden, kein Gras mehr gewachsen sein; einige kahle Felsspuren auf der grünen Matte zeigen dies an. Der Teufel hat hier freien Spielraum, und er duldet nichts, keinen Grashalm, nicht einmal ein Steinchen auf diesem kahlen, mit dem Fluch der um ihr Eigentum Betrogenen behafteten Flecken.

Den Richter, der mit den Meineidigen im Einverständnis gewesen, traf die Verwünschung der Bauern.

Auf der Grebenzenalm bei St. Lambrecht befinden sich zwei

Höhlen. In einer, der sogenannten ‚Drachen- oder Dohlenhöhle', nisten Vögel, schwarz von Gefieder und mit gelben Schnäbeln, in großer Anzahl; wenn sie talabwärts fliegen, kommt schlechtes Wetter. Die zweite Höhle, das ‚Wilde Loch', ist der direkte und für die Bewohner der hiesigen Gegend der nächste Eingang zur Hölle; das Wilde Loch wird auch als der Rauchfang zur Hölle genannt. Der Teufel, der hier in dieser auf die zur ewigen Pein und Qual verdammten Seelen lauert, duldet um den Rand derselben keine Zäune, daher sehr oft Menschen und Tiere daselbst verunglücken.

In der Nähe dieses Wilden Lochs lag einst ein Bauer und ruhte aus von den Strapazen eines langen und beschwerlichen Marsches über das Gebirge; ein sanfter Halbschlummer überkam ihn. Es war um die Mittagsstunde, da hörte er plötzlich fernen Glockenklang; er kam aus der Gegend von Neumarkt und tönte wie Sterbegeläute. Zugleich sauste etwas mit großer Schnelligkeit und eigentümlichem Geräusch über ihn hinweg. Der Bauer wachte auf und hörte am Rande des Wilden Lochs selt-

Den Zauberlehrbuben unterliefen beim Wettermachen so manche Fehler. Illustration von Sebastian Spiegl, 1998.

sames Gewinsel. Als der Bauer gegen Abend nach Neumarkt kam, hörte er, daß der Marktrichter daselbst um die Mittagsstunde verschieden sei, und nun erst konnte er sich das Gewinsel erklären. Der Teufel hatte den Richter wegen seiner Mitschuld an dem Betrug bezüglich des den Bauern gehörigen Anteils am Kühberg geholt und war mit ihm durch das Wilde Loch zur Hölle hinabgefahren, gerade als der Bauer in der Nähe geschlafen hatte."

Zauberer beim Schwarnbrunn
„Am Bartlmätag (24. August) wurden alle Jahre die Zauberer von ihrem Meister ausgezahlt. Die Lehrbuben, die noch das Zaubern nicht recht konnten, mußten nachdienen. Daher hat es mit dem Wetter nach Bartlmä keinen rechten Schick, weil es lauter Lehrbubenarbeit ist. Dort ist ein kleines Büherl, auf demselben stand der Meister, und die Zauberer tanzten um ihn herum.
Vor vielen Jahren gab es am Schwarnbrunn noch viel Lustbarkeit am Bartlmätag. Tanz und Ringen und auch einige Marktbuden mit Lebzelt und Met gab es dort. Einmal kam es zwischen drei Tirolern und Krainern zu einer fürchterlichen Rauferei, bei der die letzte Marktbude über den Haufen gerannt und die Waren verstreut wurden. Von da an, es mochte Ende der 60er Jahre gewesen sein, ging kein Verkäufer mehr mit Waren hin. Der Bartlmäkirta zog sich dann auch mehr heraus, und beim Lopatschbrunn gab es bis zum Kriegsbeginn Tanz zu Harmonikaspiel."

Das Kretzenbründl

St. Peter am Kammersberg

Zwischen Feistritz und Mitterdorf bei St. Peter am Kammersberg am Abhang des 1528 Meter hohen Niklberges findet man das Römerbründl, das im Volksmund als „Kretzenbründl" hohe Bekanntheit erreichte. Das eisenhältige Wasser diente als Kretzenwasser zur Abheilung von Kretzen, von denen einst eine große Anzahl von Menschen geplagt wurde. Das Wasser sprudelt in einen gemauerten Trog und soll bereits von den Römern hoch geschätzt worden sein.
An einer Informationstafel beim Kretzenbründl ist zu lesen, daß diese Mineralquelle einst eine Badeanstalt versorgte.

Von vielen Leuten wird das Kretzenbründl zur Abheilung ihrer Kretzen und bei Augenleiden genützt.

Die Wassertemperatur liegt zwischen 15 und 17 Grad Celsius. Es erfolgte die Einstufung als Heilwasser (eisenhältiger Säuerling).
Noch immer wird das Wasser von der Bevölkerung für Heilzwecke als Kretzenwasser, als Augenheilwasser und für diverse Krankheiten angewendet und in Flaschen mitgenommen.

Schöder

Das Augustinerbründl

An der Sölkpaßstraße nördlich von Schöder, zwischen dem Zirbenbach und Katschbach, steht am Rande des Augustinwaldes das Augustinerkreuz (Augustinerkapelle), eine Holzkapelle, die dem heiligen Augustinus, dem Augenpatron, geweiht ist. Das Quellwasser, das als Augenheilwasser hoch geschätzt ist, wird von vielen Leuten mit nach Hause getragen und an Ort und Stelle zum Auswaschen der Augen genützt. Es wird vermutet, daß das heilkräftige Bründl, das an der alten Römerstraße liegt, bereits den Römern zur Erfrischung auf ihrer Nord-Süd-Verbindung bekannt war.

Das verletzte Auge
Das Kind eines Amts- und Pflegemannes aus Baierdorf spielte mit dem Messer und verletzte sich damit ein Auge. Schnell eilten die besorgten Eltern zur Stelle, wo die Augustinerquelle hervorquillt. Mit diesem Wasser wuschen sie das verletzte Auge, das bald wieder geheilt war. Zum Dank ließ der Vater neben der Quelle eine Kapelle erbauen. In der Kapelle hängte er ein Votivbild auf, auf dem diese wundervolle Heilung dargestellt war.

Der Teufelsstein bei der Augustinerquelle
Nahe der Heilquelle bei der Augustinerkapelle im Augustinwald liegt der Teufelsstein, auf dem die Abdrücke eines menschlichen Knies und eines Daumens sowie auf der Oberseite zwei eingemeißelte Kreuze zu sehen sind.
Einer feschen Sennerin auf der Marktler Alm waren alle Burschen zu minder. Keiner gefiel ihr, bis eines Tages ein prächtiger Bursche kam und sie zum Tanz führte. Sie tanzten gut und wild, und die Sennerin war überaus glücklich. Immer wilder wurde der Tanz, und bald wirbelte das Paar über den Tanzboden in die Luft und schwebte bei der Tür hinaus.
Als die Sennerin bemerkte, was mit ihr vor sich ging, war es zu spät. Bei einem großen Stein angekommen, umklammerte sie diesen, doch der Teufel, mit dem sie sich zum Tanz eingelassen hatte, riß sie los.
Die Sennerin hinterließ, bevor sie für immer verschwand, im Stein den Abdruck ihres Knies und ihres Daumens. Der Stein wurde ab sofort Teufelsstein genannt.

An der alten Römerstraße über den Sölkpaß sprudelt die Augustinerquelle hervor.

In einer anderen Sage heißt es, daß der Teufel der Sennerin diesen Stein nachwarf und die Abdrücke seines Daumens und Knies im Stein hinterließ.

Augustinerkapelle
Wann erstmals bei dieser Heilquelle ein Kreuz oder eine Kapelle errichtet wurde, ist nicht mehr bekannt. Beim Bau der

Sölkpaßstraße kam es 1964 zum Neubau der Kapelle, deren Fassade von Prof. Franz Weiß bemalt wurde. Über dem Eingang steht: „Heiliger Augustinus hilf uns sehen mit liebenden Herzen". Vor Jahren wurden zwanzig Votivbilder, unter anderen auch jenes mit der Gründungssage, gestohlen. Einst war es hier Brauch, daß kleine Kreuzchen als Zeichen des Dankes in den Boden gesteckt wurden.

Unmittelbar neben der Kapelle sprudelt das Augustinerbründl in einen gemauerten Brunnentrog.

Zeutschach

Die Ursprungsquelle

Ein außergewöhnliches Naturphänomen ist die Zeutschacher Ursprungsquelle. In einem mächtigen Quelltopf sprudelt glasklares Trinkwasser, vermischt mit auftreibenden Luftbläschen, aus dem Boden. Diese Quelle ist eine typische Karsterscheinung mit einer konstanten Temperatur von 5 bis 7 Grad Celsius und einer Schüttung von 90 bis 120 Litern pro Sekunde. Das überaus sauerstoffreiche Wasser gilt als gesundheitsfördernd und kräftigend.

Bereits Paracelsus erwähnte den warmen Sauerbrunn „in der Einöd nahe von Neumarkt".

Bezirk Voitsberg

Das Schrattenbründl

Afling

Oberhalb von Afling, hinter dem Ober-Fixl, entspringt eine Quelle, der besondere Kraft zugesprochen wird. Im Volksmund wird der Quell „Schrattenbründl" genannt, denn der Teufel wohnt neben dem Quell oder vielleicht sogar in der Quelle selbst.

Der Teufel beim Bründl
Einmal ist der alte Rabensteiner spät nachts nach Hause gegangen und hat eine „Ard'n" (Egge) am Rücken getragen. Wie er am Schrattenbründl vorbeikommt, hört er den Teufel jauchzen. Er will mit raschen Schritten das nahe Haus erreichen, aber der Teufel ist schneller bei ihm. „Ist ihm nachgefahren durch die Luft und stürzt sich auf den Bauern, übersieht aber dabei die Eggenzähne und juckt sich daran so arg, daß er hell aufjault und wütend beim Nachbarhaus unters Dach fährt!", erzählt eine Frau von dieser Begegnung.

Anders ist es einem jungen Bauern aus Graden ergangen, der beim Fixl sommers über ausgeholfen hat. Er soll aber an „solche Sachen mit dem Teufel" nicht geglaubt haben. Nach einem Tag harter Arbeit räumte er alles sauber zusammen im Stall und im Stadel und lehnte zum Schluß noch die Scheibtruhe an die Wand, schräg, mit dem Radel nach unten, daß sie nicht umfallen kann. In aller Früh, wie er in den Stadel ging, sah er, daß alles Gerät kreuz und quer durcheinander geraten waren, und vor dem Stadeltor lag die Scheibtruhe verkehrt am Boden. Und unter der Scheibtruhe lag ein Haufen Mist. Wie er genauer hinschaute, erkannte er, daß das nur der Teufel gemacht haben konnte. Am selben Tag noch verstopfte er alle Ritzen am Stadel mit Moos, und an die Stadeltür hängte er ein geweihtes Schloß. So verlor der Teufel seine Macht und konnte keinen Schaden mehr anrichten.

Bezirk Voitsberg

Beim Schrattlwasserl
Ein Knecht vom Krametter-Bauern ging immer wieder zum Haschberger, um Tabaknachschub zu holen. Einmal blieb der Knecht länger, und so erzählte man ihm, daß beim Schrattenbründl es ihn wohl „anwaggeln" (Angst machen) wird. Der Knecht entgegnete jedoch lachend: „Ach, i hob die Kaiwoggn (das Kiefer) schon g'sehn, die tuat mir nix."
Danach ging er los, und bei der Stelle im Wald, wo der Kieferknochen normalerweise lag, stand an dessen Stelle ein kleines Manderl. Der Knecht meinte: „Wos kaunst du schon moch'n." Nachdem er weitergegangen war und sich umsah, war das Manderl bereits größer und bald darauf so groß wie ein Mann. Der Knecht lief schnell unter das Dach des naheliegenden Hauses, wo er geschützt war. Sonst hätte ihn der Schrattl (der Gangerl) geholt. Jetzt wußte der Knecht, daß beim Schrattlwasserl der Schrattl sein Unwesen trieb.

Gallmannsegg — Heiligenwasser

Weit hinter Kainach steht auf einer Anhöhe die Wallfahrtskirche „Zum Heiligen Wasser". Unterhalb der Kirche entspringt bei der Bründlkapelle eine Quelle, deren Wasser heilkräftige Wirkung bei Augenleiden hat. Ernst Lasnik vertritt in seiner Voitsberger Bezirksgeschichte „Rund um den Heiligen Berg" die Meinung, daß die Errichtung der Kirche auf ein altes, römisches Quellheiligtum zurückgehen könnte. 1682 heißt es, daß bei der Quelle ein einfaches Kreuz stand. Später wurde ein Holzbau errichtet, in dem das Heilige Wasser, in drei Rohren gefaßt, hervorsprudelte. In der Kirche stand die Skulptur der Heiligen Dreifaltigkeit, aus der in mehreren Rohren das Wasser floß. Heiligenwasser wurde vielfach auch zur Abwehr von Tierseuchen aufgesucht.

Wie Heiligenwasser entstand
Nahe von Kainach steht auf halber Höhe des Lukaskogels das Kirchlein „Heiligenwasser". Daneben sprudelt eine Quelle hervor. Vor vielen Jahren ließ sich einmal eine erblindete Frau zu dieser Quelle führen, von der es weit und breit bekannt war, daß ihr Wasser besonders gegen Augenleiden heilkräftig sei.

Die Blinde kniete nieder, betete inbrünstig und bat den lieben Gott, ihr wieder das Augenlicht zu schenken. Während des Gebetes benetzte sie ihre Augen immer wieder mit dem kühlen Naß. Und siehe da, als sie aufstand und die Augen öffnete, sah sie den strahlend blauen Himmel, die grünen Wälder und Wiesen, die Berge ringsum und zu ihren Füßen die sprudelnde Quelle. Da fiel sie nochmals auf die Knie nieder und dankte dem Herrgott aus übervollem Herzen für das wieder erhaltene Augenlicht.

Dieses Wunder sprach sich bald herum; viele Augenleidende kamen zur heilbringenden Quelle, deshalb wurde bald darauf eine kleine Kapelle errichtet, die später, als immer mehr Wallfahrer herbeiströmten, zu einem Kirchlein erweitert wurde. So entstand Heiligenwasser.

Die Bründlkapelle bei der Wallfahrtskirche Heiligenwasser. Im Kapelleninneren befindet sich der Gnadenstuhl, aus dem das heilkräftige Wasser hervorsprudelt.

Das glühende Rad
Beim „Heiligen Wasser" oben war ein Halterbub, der fluchte beim Kühehalten wegen jeder Kleinigkeit. Da verlief sich einmal ein Ochs. Der Halter ging ihn suchen, und da er ihn nicht schnell finden konnte, fluchte und lästerte er wieder, wie er es gewohnt war. Plötzlich kam durch die Luft ein glühendes Rad geflogen, wurde immer größer und größer und flog geradewegs auf den Buben zu. In seiner Angst sprang er über den Gartenzaun. Da rief es hinter ihm: „Warst net ummighupft, hätt i dih zrissen!"

Kirche Heiligenwasser
1665 wurde diese Wallfahrtskirche gebaut und 1669 bei Inbetriebnahme der heiligen Radgundis geweiht. Der Hochaltar ist eine Arbeit von Balthasar Prandtstätter aus dem frühen 18. Jahrhundert.
Die Statue des heiligen Sebastian aus der Zeit um 1500 wurde überschnitzt. Bemerkenswert ist die Fegefeuerdarstellung aus der Bauzeit. Das Wallfahrtswesen begann 1713.

Bründlkapelle
Die kleine holzschindelgedeckte Holzkapelle birgt einen aus Stein gehauenen bemalten Gnadenstuhl, der im ersten Viertel des 18. Jahrhunderts entstanden sein dürfte. Aus der Brustwunde Christi strömt über ein Eisenrohr das heilkräftige Wasser in einen Steintrog. Daneben steht ein steinerner Opferstock.

Quellengeheimnisse
Das Wasser bringt Frische in meinen Körper, kühlende Frische durchströmt mich. Über mir erscheint ein halb blaues, halb weißes, androgynes junges Wesen. Helligkeit, Heiligkeit und frisches Leben umgibt mich! Wie störend steht da die Kirche der Quelle gegenüber! (Maria Bunderla, 1997)

Hier fallen alle Alltagssorgen ab. Alles scheint unwichtig – dem Himmel sehr nahe. Die Energie ist die eines liebenden Vaters, sehr friedlich. Das Land, das ich sehe, ist voll von mildem Sonnenschein beschienen.

Ich sehe zwei strahlend weiße Augen und eine Hand, die sonnenbeschienen ist und mit zwei Fingern nach unten zeigt. Es ist der Auftrag: „Schaut auf die Erde!"
(Angela Stoißer, 1997)

Die Quelle ist männlich und vereint die bestehenden Polaritäten. Dieses Wasser sollte für den Geist und die Seele, weniger für den Körper angewendet werden. Es vereint und zentriert den Geist und regt zum Meditieren an. Ich sehe um die Quelle tanzende Elfen. (Herbert Suppan, 1997)

Das Tao, das Ausrichtende, tritt hier auf. Die Energie geht vom Himmel zur Erde. Irdische Bedürfnisse werden bedeutungslos, und ein hellblau-weißes Licht kommt von oben. Ichlosigkeit – weder Mann noch Frau. Machtlosigkeit, Unordnung wird geordnet, so wie sich eine Spirale dreht. Große Leere herrscht vor. Hier haben Gedankendämonen keinen Zutritt. Die Quelle ist für Menschen, die leiden am eigenen unerfüllten Wunsch, an der Frucht ihres Denkens, an der Wirkung ihres Tuns, um sie auszurichten auf das Geschehenlassen auf Tao, auf den Geist – im Ichaufgeben. (Maria Posch, 1997)

Die verschwundene Heiligen-Blut-Quelle Krems

Abgekommen ist die Quelle und die Heiligen-Blut-Kapelle in Krems bei Voitsberg. Es handelte sich um eine heilkräftige Quelle mit der Brunnenstatue des Heilands, aus dessen Brustwunde das Quellwasser hervorsprudelte. Die Brunnenstatue wurde bei Straßenregulierungsarbeiten entfernt.

Das Heiligengeistbründl Krenhof

Das Heiligengeistbründl am Berg hinter Krenhof im Wald vom Lorder-Rust ist fast unbekannt geblieben. Selbst in den ärgsten Trockenzeiten versiegt das Wasser in diesem heiligen Brunnen, das von den Bauern der Umgebung auch heiliges Wasser genannt wird, nie. Aber auch als „kluags Wasser", also seltenes Wasser, wird es bezeichnet. Das „Gesundwasser" wurde bei verschiedenen Krankheiten getrunken und oftmals schon vor Sonnenaufgang geschöpft.

Wo is mein Kindl?
Eine Magd fuhr durch den Wald, um bei einem Brunnen Wasser zu holen. Drei altmodisch gekleidete Männer kamen unterwegs bedächtigen Schrittes daher und machten ihr allerlei seltsame Zeichen, die sie jedoch nicht verstand. Sie dachte, daß alles ein Scherz sei, und so fuhr sie unbekümmert weiter. Am Brunnen angekommen, bemerkte sie, daß nur wenig Wasser in der Quelle war. Als sie in den Brunnen schaute, sah sie drinnen eine Wassernixe schwimmen. Singend sagte diese: „Kluags Bründl, wo is mein Kindl?"

Nach Monaten brachte die Magd ein Mädchen zur Welt. Wochen später fuhr sie mit ihrem Ochsengespann zum Bründl und nahm ihr Kindchen mit. Sie legte es am Brunnenrand nieder und begann Wasser zu schöpfen. Doch plötzlich war das Kind verschwunden, und aus der Tiefe des Brunnens rief eine Stimme laut und deutlich: „Kluags Bründl, i han mein Kindl – kluags Bründl, in han mei Kindl!"

Die Magd war voller Schmerz und Trauer, doch so sehr man auch suchte, das Kind blieb verschwunden. Von dieser Zeit an mußte der Knecht des Bauern zum Brunnen fahren, da die

Singend sagte die Wassernixe: „Kluags Bründl, wo is mein Kindl?" Illustriert von Theresia Praßl, 1997.

Magd nicht mehr dazu zu bewegen war. Dem Knecht begegneten des öfteren die drei „heiligen Männer", doch er verscheuchte sie immer mit Peitschengeknall. Eines Tages erkrankte der Knecht, und so mußte nunmehr doch wieder die Magd zum Bründl fahren. Doch was sah sie, als sie beim Brunnen angelangt war! Da lag ihr Kindchen am Brunnenrand in silbernes Linnen gewickelt und streckte ihr fröhlich die Händchen entgegen.

Der Brunnen war von diesem Tag an immer bis zum Rand mit Wasser gefüllt. Und wegen seiner Heilkraft und Stärke sagten die Bauern, es sei ein „kluags Wasser", das sparsam angewendet werden muß.

Die Kropfquelle von Kreuzberg

St. Hemma

Eine Quelle in Kreuzberg in der Nähe von St. Hemma hat die Eigenschaft, kropferzeugend zu sein. Auch in Urscha bei Gleisdorf und in Mortantsch an der Raab gibt es derart merkwürdige Quellen mit kropfbildender Wirkung.

Das Hammerherrenhaus mit Hammerwerk in Ligist.

Ligist

Das Heilbad im Hammerherrenhaus

Das ehemalige Hammerherrenhaus in Ligist wurde 1878 in ein Fichtennadel- und Lohebad umgebaut. Das Bad wurde bei Gicht, Frauenleiden und bei Rekonvaleszenz empfohlen. Der Badebetrieb wurde mit großen zwischenzeitlichen Schwierigkeiten bis zum Zweiten Weltkrieg aufrechterhalten.

Hammerherrenhaus
Vor einigen Jahren wurde das Gebäude vorbildlich renoviert. Im Inneren befindet sich eine kleine Kapelle mit Glocke, und vor dem Gebäude steht ein Statuenbildstock, der 1751 vom Eisengewerken „Georg Gamilschegg samt Eleonore meiner Ehefrau" errichtet wurde. Das nebenstehende Industriegebäude (Hammerwerk) wird renoviert.

Tregist

Der Ulrichsbrunn

In der Nähe von Tregist befindet sich ein kleiner Ulrichsbrunnen, der alten, mündlichen Überlieferungen zufolge als „Heilige Quelle" galt. Mit diesem Ulrichswasser benetzte trüb gewordene Augen sollen wieder klar sehend werden.

Angela Stoißer sah bei ihrer Meditation in Heiligenwasser ein sonnenbeschienenes Land, 1997.

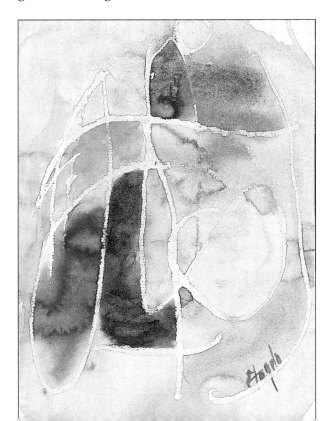

Quellen und ihre Geheimnisse in der Oststeiermark

Heilende, heilkräftige und heilige Quellen in der Oststeiermark werden im Buch „Heilende Wasser" (Verlag Styria) ausführlich beschrieben. Aus diesem Grund wurde hier auf eine eingehende Beschreibung dieser Quellen zum größten Teil verzichtet. Einer näheren Behandlung unterliegen nur jene Quellen, die auf ihre Quellengeheimnisse hin geprüft wurden. Dabei handelt es sich um Quellen in den Bezirken Weiz, Hartberg, Feldbach, Fürstenfeld und Radkersburg.

Die kalten Wasser aus den Bergen

Bezirk Weiz

Im Bezirk Weiz bestehen 21 Quellen, denen man heilkräftige Wirkung bei unterschiedlichen Erkrankungen zuspricht. Zu den interessantesten Heilquellen gehört jene in Heilbrunn bei Anger, das auch das steirische Lourdes genannt wird. Über Standort und Anwendungsbereich gibt nachfolgende Aufstellung Auskunft.

Arzberg:	Jakobikapelle (Augen, Wunden)
Baierdorf:	Maria am grünen Brunn – Grünbründl (Augen)
Fladnitz/Teichalpe:	Das Heilantschwasser (körperstärkend)
Gleisdorf:	Mineralsäuerling
Grub/Thannhausen:	Marienerscheinung beim Grubbründl (Augen)
Heilbrunn bei Anger:	Heilbrunn, das steirische Lourdes (Augen)
Hohenau:	Das Augenheilbründl Maria-Klein-Heilbrunn (Augen)
Markt Hartmannsdorf:	Der Ulrichsbrunn (Fieber, Augen)
Miesenbach:	Der Hosenbrunn (körperstärkend)
Miesenbach:	Die Brunnenkapelle (Augen, Lähmungen)

Piregg:	Das heilende Wasser von Piregg (Augen und diverse Erkrankungen)
Puch:	Maria am Kulmbrunnen (Augen)
St. Kathrein am Hauenstein:	Das Warzenwasser im Katharinenstein (Warzen, Zittern, Hautjucken)
St. Kathrein am Offenegg:	Das Siechenbächlein (Augen)
St. Margarethen an der Raab:	Der Ulrizibrunnen auf dem Sommerberg (Typhus)
St. Margarethen an der Raab:	Die Tafelwasserquelle
St. Ruprecht an der Raab:	Die Wasserheilanstalt St. Ruprecht
Strallegg:	Das Fritz-Bründl (Füße)
Strallegg:	Das Kühgrantl beim Altarstein
Trog:	Der Hubertusstein (Blick in die Zukunft)
Waisenegg:	Die Gallenheilquelle Gallbrunn (Galle)

Bezirk Weiz — Heilbrunn bei Anger

Quellengeheimnisse
Ein köstlich frisches Wasser, das zum Trinken und zu Heilwaschungen einlädt. Man spürt sofort, daß dieses Wasser etwas ganz Besonderes ist. Die Quelle zeigt sich mir als ein starker Strahl aus reinem Silber, was auf ganz starke weibliche Kraft und große Heilkraft hinweist. (Angela Stoißer, 1997)

Bezirk Hartberg — Vom Thermenland bis zur Pinggauer Brunnenkapelle

Die sechs Heilquellen im Bezirk Hartberg sind wegen ihrer besonderen Heilkraft und außergewöhnlichen Wasserqualität bekannt. Standort und Anwendungsbereiche der einzelnen Quellen sind in der nachfolgenden Aufstellung ersichtlich:

Bad Waltersdorf:	Heiltherme Bad Waltersdorf (eine Vielzahl von Indikationen)
Hartberg Umgebung:	Annaquelle heilt Blinde (Augen)
Maria Fieberbründl:	Heilsames Fieberbründl-Wasser (Fieber)

Pinggau:	Die Brunnenkapelle (Augen, Kröpfe, Fußleiden, Viehkrankheiten)
Pöllauberg:	Die Quelle auf dem Pöllauberg (Augen)
Schlag:	Heilung bei der Bründlkapelle (Fußleiden, Augen)

Maria Fieberbründl

Quellengeheimnisse

Ich sehe ein unansehnliches weißes Gefäß. Ich kippe es. Da fließt ganz wunderbares, glitzerndes Wasser heraus, ein heiles, heilendes Wasser! Das Ambiente ist herz- und geschmacklos. Dieses wunderbare Wasser hätte eine heile Umgebung gebraucht. Positiv ist der angrenzende Wald. Eine Katastrophe ist die Kirche. Böse, schwarze, männliche Energie.

(Angela Stoißer, 1997)

Diese Quelle ist ein Geschenk der Mutter Erde an die Menschen. Voll Liebe leuchtet dieses Wasser. Es ist voll Wärme, Licht und Frieden. Ich sehe lustige Gnome um das Steinbecken spielen. Sie spritzen Wasser heraus. (Herbert Suppan, 1997)

Für die heilige Maria zeigt sich an diesem Platz Elend, wo sie die Männer hingebracht haben. Ein wunderschönes liebliches Mädchen von großer Weichheit und Weiblichkeit, ganz Ying, und daneben eine Vaterkirche. Die Wirkung des Wassers ist unbeeindruckend und undotiert. Äußerst geeignet für homöopathische Arzneien, da es neutral ist. Zum Ansetzen mit Pflanzen gut. Es ist eine freigiebige Quelle, und man kann das Wasser mit Freude aufnehmen. An die Quelle gehört Dankbarkeit gerichtet. (Maria Posch, 1997)

Die Annaquelle – Hartberg Umgebung

Quellengeheimnisse

Angela Stoißer sieht hier kleine, weibliche Füße und ein langes Kleid. Wunderschön sind die Haare. Dunkelblond und hinten zu einem Zopf geflochten. Darüber ein Blumenkranz mit Masche, was auf Bachblüten hinweist. Die junge Frau ist unbeweglich, und Angela Stoißer fragt nach einer Bewegung. Da kreist sie in ihrer linken Hand einen schwarzen Stock im Uhr-

Bezirk Hartberg

zeigersinn. Gegen den Uhrzeiger geht es nur langsam. Die Quelle scheint durch männliche Gewalt verletzt worden zu sein. Es erklingt „voriges Jahrhundert". Die Wirkkraft des Wassers ist linksseitig, vom Bauch bis zum Herzen.

Bezirk Feldbach

Das Zentrum des Thermenlandes

Im Bezirk Feldbach tritt eine Vielzahl von Heil- und Wunderquellen, die teilweise wirtschaftlich oder vom Volk genutzt werden, zutage. In die nachfolgende Aufstellung wurden 34 Quellen aufgenommen, obwohl es noch weitere mineralisierte Quellen gibt. Den Quellenschwerpunkt in diesem Bezirk bildet der Raum um Bad Gleichenberg.

Bad Gleichenberg:	Schon die Römer tranken Wasser in Gleichenberg (Luftwege, Schuppenflechte)
Bad Gleichenberg:	Gleichenberger Therme (Gelenkschäden)
Bad Gleichenberg:	Therme Mariannenquelle (Rheuma, Spondylose, Bandscheibe, Cellulitis)
Bad Gleichenberg:	Die Konstantin- oder Sulzleiten-Quelle (Bäder für Gelenke)
Bad Gleichenberg:	Die Emmaquelle (schleimlösend)
Bad Gleichenberg:	Die Römerquelle
Bad Gleichenberg:	Die Maria-Theresienquelle (Bäder sind hautberuhigend)
Bad Gleichenberg:	Die Sophienquelle
Bad Gleichenberg:	Die Bäcker- oder Werlequelle
Bad Gleichenberg:	Die Franzens- oder Karlsquelle (Kröpfe)
Bad Gleichenberg:	Die Klausenquelle oder „Klausner Stahlquelle" (Blutarmut, Typhus, Fieber)
Edelsbach:	Das Ulrichsbründl (Augen)
Frutten/Gießelsdorf:	Das Sauerwasser von Frutten
Gnas:	Ein Gastümpel
Hofstätten/Trautmannsdorf:	Die Natalienquelle bei Hofstätten
Jagerberg:	Jagerberger Brunnengang (Kräftigung des Körpers)

Kapfenstein:	Das Kelchbründl (Augen)
Kirchbach:	Patrizius ohne Quelle (Augen)
Klapping:	Die warme Wäsche
Klapping:	Die Bitterquelle
Krusdorf:	Der heilende Patriziusquell (Augen)
Leitersdorf/Hainfeld:	Die Hainfelder Karlsquelle (Augen)
Lödersdorf:	Der Lödersdorfer Ulrichsbrunn (Fieber)
Mühldorf/Giem:	Die Giemer Marienquelle
Mühldorf:	Die Taxberger Ludl
Pertlstein:	Das Teufelsbründl
Pirching am Traubenberg:	Das Pirchinger Wunderbründl (Fieber)
Poppendorf:	Der Ulrizi im Bründlwald (Augen)
Riegersburg:	Bartlbrunn (körperstärkend)
Saaz:	Das „Heilige Bründl am Saazkogel"
St. Anna/Aigen:	Das Heilwasser der Brodlsulz
St. Anna/Aigen:	Kaltenbrunn bei Aigen

Die sprudelnde Quelle – Baumgarten bei Gnas

Bezirk Feldbach

Quellengeheimnisse
Die Quelle zeigt sich Angela Stoißer als fröhliches Wesen: „Eines Tages, als ich zur Quelle kam, bemerkte ich, daß diese Quelle sprechen kann, genauso wie es im Märchen ‚Brüderchen und Schwesterchen' vorkommt, wo es heißt: ‚... Wer aus mir trinkt, wird ein ...'
Diese Quelle ist besonders leicht und fröhlich. Sie freut sich, wenn sie besucht wird.

Nora Henke Mayer sah hier als Quellengeist eine zwei Meter große, schlanke, junge Frau, die sich tanzend drehte.

Die Bitterquelle – Klapping

Quellengeheimnisse
Eine wunderbare, strahlende, leuchtende Quelle. Voll mit Energie sprudelt sie lustig aus der Erde. Ich sehe! Ein Gnom nimmt mich tief mit unter die Erde zum Wesen dieser Quelle. Ich stehe zum ersten Mal vor einem Thron, auf dem ein junger König

sitzt. Er sagt mir, daß wir Menschen an dieser Stelle gemessen werden.

Wir müssen diese Quelle mit Achtung behandeln und mit allen ihren guten Energien frei fließen lassen. Nur so wird sie ihre Kraft behalten. (Herbert Suppan, 1997)

Die tanzende Nymphe, wie sie von Nora Henke Mayer gesehen wurde. Seidentuchmalerei.

Aufregung, große Erwartungsfreude umgibt mich bei dieser Quelle. Meine Magenschmerzen vergehen, ich fühle mich leicht und heiter, bereit zu lustigen Unternehmungen.

(Maria Bunderla, 1997)

Wenn man bei der Bitterquelle in Richtung Sportplatz geht, wird die Energie immer heller, freundlicher und einladender. Diese Erfahrung habe ich immer wieder gespürt: Quellen, die frei fließen und für jeden zugänglich sind, strahlen ihre gute Energie weit über den Quellenbereich hinaus. „Eingesperrte" Quellen leiden. Die Bitterquelle spendet frisches, kühles Mineralwasser von hoher Qualität.

Das erste, das mir die Quelle zeigt, ist mein Spiegelbild. Der Platz ist ideal für Selbsterfahrungen. Dann sehe ich einen breiten Weg, der einen Sonnenfleck in der Mitte hat; eine männliche Quelle. Ich höre die Worte: „Heilung – heilig – heil".

Ein Platz für Körper und Seele. Die stark rechtsdrehende Energie ist für geplagte und gestreßte Menschen optimal. Ich höre das „Rücken"; Magen und Schleimhäute profitieren.

An diesem Platz lade ich mich wie eine Batterie auf.

Die Quelle bittet mich dafür zu sorgen, daß dort – falls einmal gebaut werden sollte – alles mit größter Vorsicht geschieht, damit diese wunderbare Energie nicht verlorengeht.

Rund um diesen heilsamen Platz wüten böse Energien. Gleich links im Wald ist ein Platz mit linksdrehenden Wirbeln, auf dem man sich immer bewegen muß. Das Wort „Hexensabbat" fällt mir ein.

Geht man den Weg weiter bergan, kommt man auf Felder mit Totenenergie. Man wird schlapp und müde und hat Mühe mit der Atmung. Ich kehre zur Quelle zurück. Ich sehe einen Eschenzweig und den Flügel von einem Storch.

Am 17. 9. 1997 war ich das zweite Mal bei der Bitterquelle. Ich meditiere und sehe. Da sitzt ein Mann mit dem nackten Rücken zu mir. Er hat wunderschöne halblange Haare. Dann sehe ich ein Holzhaus. Rechts hängt eine sehr lange rot-weiß-rote Fahne und flattert im Wind. Links ist auch eine lange Fahne. Die Farben der Fahne sind schwer zu sehen (am ehesten rot-gelb-grün).

Dann sehe ich unter der Erde einen breiten Fluß, der sich gabelt. Das Wasser ist von schönem Schwefelgelb. Der Wasserlauf nach links ist frei fließend. Der rechte Flußlauf liegt noch im Verborgenen. Die Zeit ist noch nicht da, daß uns dieser gezeigt werden darf.

(Angela Stoißer, 1997)

Bezirk Feldbach

Die warme Wäsche – Klapping

Quellengeheimnisse
Ich möchte meine Hand ins Wasser der „warmen Wäsche" tauchen. Es geht schwer. Ich fühle die Aura des Wassers. Ich glaube, die Quelle möchte geheilt werden. Als es mir gelang, die Hand ins Wasser zu tauchen, war sie voller silberner Perlen.
Ich möchte mit meinem Bewußtsein hinunter zur Quelle. Hier muß viel Ungutes passiert sein. Ich muß durch eine ganz dichte Schichte von Schlamm. Unter dem Schlamm wird eine grüngoldene Stiege sichtbar, die ich hinuntergehe. Ich lande vor einer grünen, stark verzierten Türe, die sich öffnen läßt. Ich betrete einen großen Raum mit einem offenen Fenster. Rechts sitzt ein König auf seinem Thron. Er steht auf. Seine Kleider sind ihm viel zu groß. Er schleift sie am Boden. Er merkt meine Gedanken und bindet seine Kleider hoch. Der König möchte mich segnen. Ich glaube, er ist froh, daß sich jemand um die Quelle kümmert. Er legt mir beide Hände auf den Kopf. Seine Kraft scheint nicht groß zu sein, denn ich verspüre keine Emotionen.
Ich danke und möchte mich verabschieden. Da merke ich, daß er mir etwas mitgeben will. Er legt einen sehr großen metallenen Schlüssel in meine Hände.

(Angela Stoißer, 1997)

Es handelt sich um ein „Schwarzes Wasser", das energetisch verschmutzt ist. Der Grund dafür ist bei den Waschweibern (Wäscherinnen), die hier einst wuschen und viele Unwahrheiten verbreiteten, zu suchen. Hier muß man lange bleiben, um das Wesen der Quelle sehen und verstehen zu können.

(Herbert Suppan, 1997)

Die Brodlsulz – St. Anna am Aigen

Quellengeheimnis

Bezirk
Feldbach

Eine Energie, die mit keiner anderen zu vergleichen ist.
Ich sehe eine dunkle Energie und höre den Satz: „Ich bin die helle Schwester der dunklen Werke" (Das Böse, das Gutes schafft). Für mich ist das Wasser untrinkbar.
Ich gehe mit meinem Bewußtsein hinunter und bemerke, daß die Energie ganz stark nach oben drängt und ich nicht nach unten komme. Meine Begleiter sprechen vom „Arsch der Welt", von der Ausscheidungsstelle der Erde. Mich fasziniert die Einmaligkeit dieser Geysirenergie.
Ich hänge eine schwere Bleikugel an meinen Bewußtseinsfaden und komme am Rand des plubbernden Wassers hinunter. Stellenweise wird die Kugel in die Mitte gezogen, dann wieder an den Rand gedrängt. Meine Meditation ist nicht tief genug, um das Wesen der Quelle zu sehen. (Meine Begleiter blödeln.)
In der Nacht werde ich für meine Bemühungen belohnt. Ein wunderbares, weibliches Wesen zeigt sich mir. Gesicht und Unterkörper sind im Dunkeln. Hals und Brust sind voller kostbarer Geschmeide. Glitzernde Perlen und edler Schmuck sind unvergleichlich schön! Die Quelle zeigt sich wie eine Freundin, die antwortet, wenn man ihr Achtung entgegenbringt. Hier hat Mutter Erde ein sehr, sehr kostbares Kleid!
Am 17. 9. 1997 war ich das zweite Mal bei der Brodlsulz.
Die Energien streben wieder so stark nach oben, daß es sehr schwierig ist, mit dem Bewußtsein nach unten zu kommen. Ich wende alle Tricks an, die mir einfallen. Ich denke mir einen Strick, an dem ich nach unten komme. Für diese Quelle braucht man Mut, Tapferkeit und Ehrfurcht vor der Vielfältigkeit der Mutter Erde.
Ich komme an einen unterirdischen Wald mit überlangen, ganz geraden Tannenbäumen. Da ist ein großer, mit Moos bewachsener Stein. Auf den setze ich mich und warte, ob mir etwas gezeigt wird.
Nachdem nichts passiert, lasse ich mich an dem Strick weiter hinunter. Da wird mir eine goldene Krone gezeigt. Ich höre die Worte: „Krone der Weisheit".

(Angela Stoißer, 1997)

Quellen und ihre Geheimnisse in der Oststeiermark

160

Bezirk
Feldbach

Der Wassermann in der Quelle – Unterauersbach

Nördlich von Unterauersbach ist zwischen einem Acker und einem Bach eine Quelle mit außergewöhnlicher Strahlkraft gefaßt. Ursprünglich trat das Wasser in einem Tümpel zutage. Die Bauern der Gegend erinnern sich, daß in diesem Tümpel von Zeit zu Zeit eine Bewegung durch das stille Wasser ging, die Sand hochwirbelte. Die Eltern warnten die Kinder vor dem Tümpel, da sie meinten, daß dort ein Wassermann lebe.

Quellengeheimnisse

Nach längerer Zeit zeigten sich zwei Augen in einem grünen Gesicht. Der Wassermann. Ich begrüße ihn, und er gibt mir zu verstehen, daß er um den Tümpel trauert. Ich verfolge den Weg des Wassers. Der geht rechts auf den Berg, wo er an einem verschlossenen goldenen Tor endet. Diese Quelle ist männlich und sehr scharmanisch. Das Wasser wirkt auf die unteren drei Chakren.

Bei meinem zweiten Quellenbesuch zeigte mir ein Wasser-

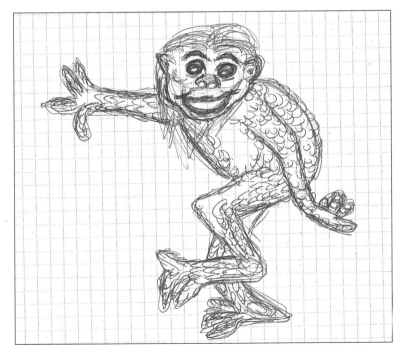

In dieser Gestalt sah Herbert Suppan den Wassermann in Unterauersbach, 1997.

mann oben auf dem Berg ein verschlossenes Tor. Beim Betreten des Platzes, wo sich das Tor befand, ist die Energie düster und schwer. Hier befindet sich eine Quelle in einem Brunnenschacht gefaßt. Das Wasser zeigt sich als männliche Frau. Die Energien sind schwer zugänglich, und man muß lange auf ein Bild warten. Jetzt zeigt sich das goldene Tor, das viel schwarze Energie auf sich hat. Beim Klopfen an das Tor öffnet es sich und schließt sich sofort wieder. Versetzt man sich mit dem Bewußtsein hinter das Tor, so wird es hell, ohne daß man etwas erkennen kann. Jemand sagt: ‚In jener Zeit, als das Wünschen noch geholfen hat ...' Der Aufenthalt ist unangenehm, man verspürt Lachen, obwohl Totenstille vorherrscht. Hier wohnen dunkle Mächte, die Bewegungen werden schwer und langsam, und es geht hier um irgendeine Schuld. Vorbeilaufende Pferde beginnen an diesem Platz zu schnauben und wollen nicht weitergehen.

Am Platz, wo der Wassermann wohnt, zeigt dieser auf einen grünen, schlanken Körper. Es erscheint eine leuchtende Krone, ein Königsgesicht mit langem weißem, weichem, wallendem Bart. Der König, der anscheinend hinter dem Tor seine Energie hat, ist über den Wasserlauf mit dem ehemaligen Tümpel verbunden. Hier sollte man dem Wassermann ein Biotop errichten. (Angela Stoißer, 1997)

Der Bezirk schwimmt auf heißem Wasser

Bezirk Fürstenfeld

Zwei für Österreich einzigartige Thermalbäder, die Thermen Blumau und Loipersdorf, sprudeln im kleinen Bezirk Fürstenfeld aus dem Boden. Dazu reiht sich noch die Thermalquelle in Speltenbach, die wegen ihres hohen Salzgehaltes genutzt wird.

Blumau:	Therme Blumau – Die Jasminquelle (Herz, Kreislauf, Rheuma)
Loipersdorf:	Kein Öl in Loipersdorf, doch heißes Wasser (Rheuma, Gicht, Gelenke)
Nestelbach:	Die Ulrichsquelle bei der Köckenbründlkapelle
Radersdorf:	Der Radersdorfer Ulrichsbrunn hilft bei Halsleiden
Speltenbach:	Thermalquelle Speltenbach bei Fürstenfeld (Gefäße, Durchblutung, ...)

Bezirk Fürstenfeld

Therme Blumau

Quellengeheimnisse

Die Erde blutet hier. Sie ist ohne Rücksprache und ohne Liebe. Die Quelle ist weiblich und versucht, sich mit einer männlichen zu vereinigen. Dazwischen sehe ich einen Drachen, der alles verhindert und keinem gut tut. (Herbert Suppan, 1997)

Das Wasser ist weich wie Balsam und steinerweichend. Die weibliche Quelle lädt zum Eintauchen ein. Ich sehe eine rotblonde Frau mit einem zeitlosen Gesicht und gewelltem Haar. Sie trägt mehrere Röcke übereinander. Plötzlich zeigt sie ihre Hände, die tiefe Nagelmale wie Christushände haben. Blumau ist ein Ghetto ohne Verbindung zum Dorf und zur Landschaft. Niemand dankt der ausgebeuteten Quelle. Die Quelle wünscht sich einen Kultplatz, wo sich der Mensch für die Gaben der Natur bedankt. (Angela Stoißer, 1997)

Ein unterirdisch dahinfließendes, weiches, weibliches Wasser. Es tritt ein starker Gegensatz zur wirtschaftlichen Nutzung auf. Die Quelle heilt, wird jedoch stark ausgenutzt. Das Wasserwesen selbst ist verletzt. Es wird aus der Quelle nur genommen und nicht gedankt. Nimmt das Wasserwesen Kontakt auf, so zeigt es seine glasklaren Kristalle. Von Natur aus ist dieses Wesen heiter und treibt koboldartige Scherze.
(Melanie Cerov, 1997)

Bezirk Radkersburg

In der Vielfalt liegt die Stärke

Zahlreiche Heil- und Wunderbründl treten im Bezirk Radkersburg hervor. Über die Quellenstandorte und Anwendungsbereiche gibt nachfolgende Aufstellung Auskunft.

Bad Radkersburg: Die Radkersburger Stadtquelle (urologische Erkrankungen)
Bad Radkersburg: Die Parktherme (Rheuma, Spondylose)
Bad Radkersburg/Umgeb.: Der Bettlerbrunnen (Fieber)
Deutsch Goritz: Die Peterquelle (Magen, Leber, Darm, Gallenblase)
Hofstätten/Deutsch Goritz: Die Sulzwiesenquelle

Hof bei Straden:	Zwei Johannisbrunnen (Leber, Magen, Gallenblase, Harnwege)
Klöch:	Naturheilanstalt Klöch
Kronnersdorf/Straden:	Die Grabenbäckerquelle
Mettersdorf am Saßbach:	Die Ursulaquelle
Neusetz bei Straden:	Der Säuerling von Neusetz
Perbersdorf/Weinburg:	Die Sauerbrunnquelle
Pichla/Tieschen:	Der Pichla-Heilbrunn
Rohrbach/Mettersdorf:	Die Rosenbergquelle (Nieren, Harnwege)
Ratschendorf:	Maria Helfbrunn in Ratschendorf (Füße, Augen, Warzen, Innereien)
Sicheldorf:	Sicheldorfer Josefsquelle (Uratsteine, Magen, Darm)
Sicheldorf:	Der Hildebrunnen (Augen)
Tieschen:	Das Mineralwasser bei der Größing-Mühle
Weinburg:	Der Ribitz-Brunnen

Maria Helfbrunn – Ratschendorf

Quellengeheimnisse
Die Quelle ist klar, rein, freudig, frisch und fröhlich verschmitzt. Es ist eine weibliche Quelle. Auf diesem Platz scheint einst viel Unrecht geschehen zu sein. Ich sehe ein schönes Mädchen, das mich aus den Augenwinkeln heraus ansieht.

(Angela Stoißer, 1997)

Die Rosenbergquelle – Rohrbach/Mettersdorf

Quellengeheimnisse
Ein tiefes, schwarzes, weiches, frisches und sehr altes Wasser. Es schafft eine Kanalisation in die Tiefe des Unbewußten (Basischakra). Altes wird an die Sonne gebracht, alte chronische Krankheiten, schlafende Krankheiten, Vergrabenes und Verdrängtes. Die Energie ist hier wie eine Rose und dreht sich so, wie eine Rose spiralförmig geformt ist. Das Wasser ist nicht fertig. Es müßte noch über einige Steine fließen.

(Maria Posch, 1997)

Ich gehe unter die Erde. Es ist hier sehr finster. Ich will zur Quelle, um sie zu befragen. Da taucht ein silbern glänzender Strahl – Wasserstrahl – wie ein Silberrohr in der Sonne glänzend auf. Ich setze mich darauf. Ich spüre, es ist Wasser, Wasser ohne Freude, in Bahnen gepreßt. Zeitweise aber bricht es aus seiner Rohrform aus, sprudelt, macht Wellen. Ich reite auf den Wellen, es macht Spaß. Doch ich will zum Anfang, zur Quelle. Da ist wieder dieses Silberrohrwasser, und ich komme nicht bergauf zur Quelle. Ich rufe den Quellengeist. Es erscheint ein lieblich anzusehender, flatternder Umhang. Doch wer steckt dahinter? Kein Gesicht ist zu sehen, aber ich fühle ein sanftes Wesen. Es zeigt sich nicht, es spricht nicht mit mir. Auf die Frage, bei welchen Leiden die Quelle Hilfe bringe, spüre ich Erleichterung von Magen bis Mundhöhle. Ich bekomme keinen Kontakt zum Quellengeist und erreiche auch nicht den Beginn der Quelle.

(Maria Bunderla, 1997)

Der Quellengeist erscheint bei der Rosenbergquelle als flatternder Umhang. Illustration von Maria Bunderla, 1997.

Dieses Wasser ist unfertig. Es hat noch nicht alle Informationen gespeichert. Ich sehe, wie ein Riese über dem Haus steht und Wasser herauszieht. Der Riese wird bei genauer Betrachtung zum Symbol für die vielen Leute, die hier mit Wasser Gewinn machen. Das Wasser will frei fließen können.

(Herbert Suppan, 1997)

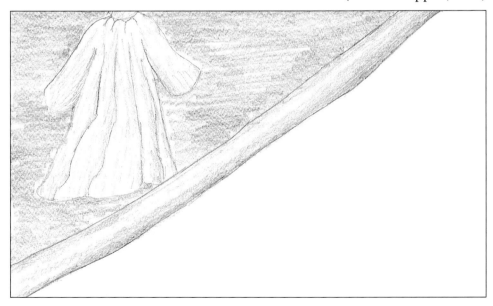

Anhang

Die Illustratoren

BUNDERLA Maria (19. 1. 1956, Feldbach), Volksschule, Bundesgymnasium Gleisdorf, Pädagogische Akademie Graz Hasnerplatz, Ausbildung in Suggestopädie, Brain Gym und Massage, Schamanische Fortbildung, Traumseminare, Lehrerin, lebt in Kölldorf bei Kapfenstein.
Illlustration: „Die Rosenbergquelle", Seite 164.

CEROV Melanie (29. 11. 1944, Kapfenberg), Pflichtschule, Buchhandelslehre. Seit zwanzig Jahren Beschäftigung mit außersinnlicher Wahrnehmung, lebt in Riegersburg.
Illustration: „Therme Blumau", Seite 169.

DAUTERMANN Roswitha, Mag. (5. 2. 1962), HTBL Ortweinschule, Abteilung für plastisches Gestalten bis 1981, Hochschule für künstlerische und industrielle Gestaltung in Linz, Meisterklasse für Keramik. Zahlreiche Ausstellungen sowohl mit künstlerischer Keramik als auch Malerei, Illustratorin mehrerer Bücher, derzeit freischaffende Keramikerin, Malerin, Journalistin, Fotografin, Buchillustratorin, lebt in Raabau bei Feldbach.
Illustrationen: „Die Quellennymphen", Seite 10.
                „Schafe entdeckten Marienbild und Heilquelle", Seite 14.
                „Von der heiligen Agnes erweckt", Seite 61.

FINK Otto (21. 2. 1942), Pflichtschule in Straden, Volksmusikant, Bundesheerkoch in der Kaserne Feldbach (AR 1), lebt in Edelsbach und Straden.
Illustration: „Das wunderwirkende Frauenwasser", Seite 125.

HÖFLER Gottfried Johannes (1934), Kunstproduzent. Sakrale Arbeiten: Wappen für Bischof Weber, Entwurf des Reiner Gnadenschlüssels, Dreifaltigkeitsbrunnen in Seggau. Dazu Großplastiken für UKH Graz, Brunnenanlage in Klöch und Büste von Erzherzog Johann. Aktivitäten beim Steirischen Herbst, zahlreiche Ausstellungen, Atelier im Stift Rein.
Illustration: „Der Rat der Maria beim Siebenbrunn", Seite 19.

KLEINDIENST Charlotte (30. 6. 1955, Feldbach), Gymnasium Gleisdorf, Pädagogische Akademie Graz, Volksschullehrerin in Feldbach, Malerin. Mehrere Ausstellungen mit Aquarellen, Radierungen usw., lebt in Feldbach.
Illustration: „Der Frevel von Heiligenstadt", Seite 133.

MAYER Nora Henke, Lehrerin der ALOHA International/Hawaii und Kino-Mana-Trainerin, Heilpraktikerin und Psychotherapeutin, Therapeutin der Initiatischen Therapie, Ausbildung am Light Institut Kalifornien, leitet Schulungen in Hawaii, Massage Lomi-Lomi Nui.
Illustration: „Die sprudelnde Quelle", Seite 156.

PRASSL Theresia (8. 10. 1928, Radenthein), gelernte Schneiderin, drei Kinder, Pensionistin, lebt in Unterweißenbach.
Illustration: „Wo is mein Kindl", Seite 148.

SCHACHNER-BLAZIZEK Peter DDr. (1942, Mürzzuschlag), Landeshauptmannstellvertreter, ao. Universitätsprofessor, 1964 Doktor der Rechte, 1965 Doktor der Staatswissenschaften, 1971 Habilitation für Finanzpolitik an der Universität Graz, 1974 ao. Univ.-Prof. an der Universität Graz, 1975–1990 Vorstandsvorsitzender und Generaldirektor der Grazer Stadtwerke AG, Aufsichtsratsmitglied VOEST-Alpine u. CA, Vorsitzender der SPÖ-Landesorganisation Steiermark, seit 1991 Stellvertretender Bundesparteivorsitzender der SPÖ, Autor von zahlreichen Publikationen.
Illustration: „Das Kind im Ganzstein", Seite 120.

SCHLEICH Eva (16. 1. 1915, Leoben), Pflichtschule in Leoben, im Zweiten Weltkrieg Lazarettarbeit in Frankfurt a. Main, nach dem Krieg einige Jahre als Schwarzhändlerin tätig, Mutter von zwei Kindern, lebt als Pensionistin in Feldbach.
Illustrationen: „Die gelangweilte Prinzessin", Seite 21.

SCHLEICH Johann (14. 8. 1946, Feldbach), Heeresbeamter, Journalist, Buchautor von rund 25 Büchern zu steirischen Themen, Gründer mehrerer Aktionen und Vereine, Gründer des 1. Steirischen Fischereimuseums, Organisator von Ausstellungen, Hobbymaler, lebt in Oberweißenbach.
Illustrationen: „Wahrsagende Kraft", Seite 52.
„Die Entdeckung des Sauerbrunnwassers",
Seite 54.

SPIEGL Sebastian (28. 5. 1986, Graz), Schüler der 2. Klasse Realschule Feldbach, Comic-Zeichner, öffentliche Zeichenauftritte, Zeichnungen in einigen Ausstellungen, Bühnenbildentwurf und Ausführung zum Schülermusical „Mausical" 1998, lebt in Raabau.
Illustration: „Zauberer beim Schwarnbrunn", Seite 137.

STOISSER Angela (14. 9. 1930, Tieschen), Volksschule, Realschule in Graz und Fürstenfeld, Matura in Graz, Lehrerbildungsanstalt, VS-Lehrerin mit Zusatzprüfungen für Sonderschule und Sprachheillehrerin. Lebensschwerpunkt ist die Selbsterforschung, Ausbildung zur Intuitiven Persönlichkeitsberaterin und in Schamanischer Massage. Autodidaktische Malausbildung, zahlreiche Ausstellungen, lebt in Oberauersbach bei Gnas.
Illustrationen: „Andritz Ursprung", Seite 11.
„Die Johannisquelle", Seite 46.
„Heiligenwasser", Seite 150.

STOPPACHER Marlies (31. 5. 1988), Schülerin der Volksschule II Feldbach, lebt in Leitersdorf.
Illustration: „Die weißen Tauben am Osterberg", Seite 81.

SUPPAN Herbert (18. 11. 1967, Gnas), Volksschule, Hauptschule, Polytechnischer Lehrgang, Tischlerlehre, Bundesheer. Freiberuflicher Bogenbauer, Ausbildung zum Intuitiven Persönlichkeitsberater, lebt in Feldbach.
Illustrationen: „Die Johannisquelle", Seite 48.
„Der Thalheimer Schloßbrunn", Seite 57.
„Der Wassermann in der Quelle", Seite 160.

TATZGERN Reinhard Major (30. 11. 1956, Peggau), Volksschule Gratwein, Gymnasium 1. BG Graz, Bundesheer, Militärakademie. Maler und Zeichner, lebt in Gratwein.
Illustration: „Eine tragische Liebesgeschichte",
Seiten 63 und 64.

WURITSCH Eduard (9. 2. 1959, Feldbach), Maler und Anstreicher, Buchillustrator, Fotograf (1. Preis für Modelleisenbahnfotografie), Maler surrealistisch-kurioser Bilder, zahlreiche Ausstellungsbeteiligungen, lebt in Mühldorf.
Illustrationen: „Ein verletzter Hirsch wurde geheilt", Seite 27.
„Der Teufelspakt auf der Lugtratten", Seite 131.

Die Gewährspersonen

Brunner Cäcilia, Kalwang
Gasteiner Imke u. August, Johnsbach
Hiden Johann, Himberg
Holler Gerfried, Deutschfeistritz
Irregger Roland, St. Georgen ob Judenburg
Leitner Sepp, St. Georgen ob Judenburg
Pail Karin, Schloß Seggau
Palz Josef, Deutschfeistritz
Pongratz Franz u. Martina, Osterwitz
Ruff Anna, Neuhof
Schaupp Hermine, Übelbach
Scheifinger Theodor, Neuberg an der Mürz
Schleich Eva, Maria Kaltenbrunn
Stacherl Rudolf, St. Pölten
Weinberger Ulfried, Thalheim
Wohleser Maria, Eichberg, St. Peter/Kammersberg

Als unterirdisch dahinfließendes Wasser zeigt sich Melanie Cerov die Therme Blumau, 1997.

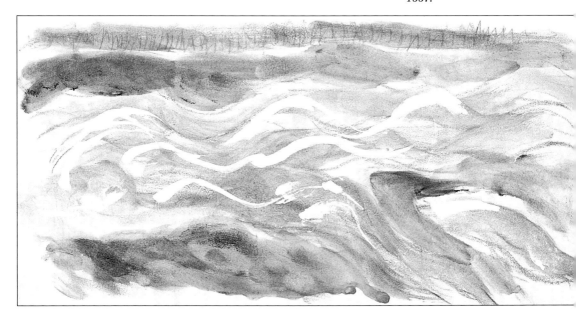

Verzeichnis der verwendeten Literatur

Brauner Franz, Was die Heimat erzählt, Hefte 1–12.
Brunner Walter, Dürnstein – Wildbad Einöd, Eigenverlag 1982
Brunner Walter, Geschichte von Pöls. Pöls ob Judenburg, o. J.
Brunner Walter, Geschichte von Neumarkt, 1985
Brunner Walter, Erich Renhart, Steirische Kalvarienberge, Verlag Schnider 1990
Burböck Odo/Modrijan Walter, Schild von Steier, Graz 1979/81
Hable Erich/Präsent Ilse, Erlebte Natur – Zirbitzkogel-Grebenzen, Verlag Styria, 1980
Hafner Otfried, Zur Kulturgeschichte Tobelbads in den Jahren 1862 bis 1910, BlfHk., Heft 1, 1979
Holler Josef, Gabersdorf, 1995
Ircher Alois, Schwanberg 700 Jahre Markt, Festschrift.
Keplinger Ernst, Manuskript „Das Heilige Bründl bei Bärndorf"
Lasnik Ernst, Geschichten und Sagen aus der Weststeiermark, Verlag Styria 1996
Lasnik Ernst, Rund um den Heiligen Berg, Verlag Styria 1982
Lasnik Ernst, Ein Führer durch den Bezirk Voitsberg, 1984
Linhardt Erich, 500 Jahre Tobelbad, 1991
Maria Zell, Wallfahrtskirche, Stadt und Umgebung, 1983
Mayer Ester, Gabersdorf, 1995
Mazakarini Leopold, Neuberg an der Mürz, 2. Aufl. 1982
Moser Hubert, Brunnen, Bründl und Quellen. Eine volkskundliche Betrachtung. In: Dienes/Leitgeb, Wasser, Leykam, 1990.
Ofner Paul, Hengistfeldon – Hengistburg, Gem. Hengsberg 1982
Perchtaler Josef, Augustinerbründl, Schöder 1997
Pfau Josef, 1000 Jahre Rottenmann, 1952
Riedlsperger G., Riederer M., Tomaschek J., Freiländer Ortschronik, 1988
Schauberger Othmar, Die Mineral- und Thermalquellen im Bereich des ostalpinen Salinars zwischen Salzach und Enns, Linz 1979
Seebacher Mesaritsch Alfred, Bad Gams, Leykam 1980
Stelzl Peter, Sagenhaftes Grenzland, 1991
Stelzl Peter, Sulmtaler und Sausaler Sagen, 1993
Stockinger Franz, 700 Jahre Stadt Rottenmann, Festschrift,

1979
Waid Immaculata, Maria Zell, 1982
Wallfahrtskirche Mariazell, 1983
Walter Hubert u. M., Die Buchau, 1989
Walter Hubert u. M., Das Gesäuse, 1991
Weber Ekkehard, Die römerzeitlichen Inschriften der Steiermark, Graz 1969
Weidl Reinhard, Neuberg an der Mürz, Salzburg 1989
Wilfinger Hans, 800 Jahre Stainz, Festschrift 1979
Wohlgemuth Franz, Trieben 900. Heimatbuch der Marktgemeinde, 1974
Wohlgemuth Franz, Gaishorn und das Paltental, 1955

Register

Agnesbrunnen (Knittelfeld) 60
Aktivquelle (Bad Gams) 39
Andritz-Ursprung – Jakob-Lorber-Quelle (Andritz) 10
Annabrunn (Kaindorf/Sulm) 77
Annaquelle (Hartberg Umgebung) 152, 153
Antoniusbrunnen (Radmer) 74
Aqua vital (St. Nikolai ob Draßling) 84
Augenbründl am Kalvarienberg (Haus im Ennstal) 111
Augustinerbründl (Schöder) 140
Bäcker- oder Werlequelle (Bad Gleichenberg) 154
Bartlbrunn (Riegersburg) 155
Bettlerbrunnen (Bad Radkersburg/Umgebung) 162
Bitterquelle (Klapping) 155
Bitterquelle (St. Lorenzen ob Murau) 133
Bitterwasserquelle auf der Menggalm (Weißenbach an der Enns) 117
Brandiagl-Kapelle (Krumegg) 20
Brodlsulz (St. Anna am Aigen) 155, 159
Bründlkapelle (Schlag) 153
Brunnenkapelle (Miesenbach) 151
Brunnenkapelle (Pinggau) 153
Brunnerkreuz (Knittelfeld) 60
Brunnlacke (Breitenau) 29
Butterbründl (Weng) 117
Die warme Wäsche (Klapping) 155, 158
Drei kalte Quellen (Johnsbach) 114
Emmaquelle (Bad Gleichenberg) 154
Emmaquelle (Rachau) 67
Erhardibründl (Breitenau) 33
Fentscher Sauerbrunn (St. Marein) 59
Franzens- oder Karlsquelle (Bad Gleichenberg) 154
Frauenbründl (Osterwitz) 39
Frauenbrunnen (Spital am Semmering) 124
Fritz-Bründl (Strallegg) 152
Fußheilquelle (Osterwitz) 41
Gallbrunn (Waisenegg) 152
Gamsbrunnen (Ennseck) 105
Gastümpel (Gnas) 154
Giemer Marienquelle (Mühldorf) 155
Gleichenberger Therme (Bad Gleichenberg) 154
Grabenbäckerquelle (Kronnersdorf/Straden) 163
Greitner-Kreuz-Quelle (Deutschfeistritz/Himberg) 15
Grubbründl (Grub/Thannhausen) 151

Gruber-Heiligenwasser (Neuhof) 21
Gudrunquelle (Bad Gams) 38
Haidacher Salzquellen (Weißenbach a. d. Enns) 118
Hainfelder Karlsquelle (Leitersdorf) 155
Heilantschwasser (Fladnitz/Teichalpe) 151
Heilbad im Hammerherrenhaus (Ligist) 150
Heilbrunn (Anger) 151, 152
Heilbrunn (Bad Mitterndorf) 97
Heilige Quelle auf der Lugtratten (Oberwölz) 131
Heiligen-Blut-Quelle (Krems) 147
Heiligen-Brunn-Kapelle – Nixquelle (Mariazell) 30
Heiligengeistbründl (Krenhof) 147
Heiligengeisttau auf dem Eichberg (Oberwölz) 130
Heiligenwasser (Gallmannsegg) 144
Heiliger Brunn (Niederöblarn) 114
Heiliger Brunnen im Prenterwinkel (Bärndorf bei Rottenmann) 101
Heiliges Bründl – Orgelsbründl (Johnsbach) 112
Heiliges Bründl (Rottenmann) 115
Heiliges Bründl am Saazkogel (Saaz) 155
Heilquelle (Schwanberg) 41
Heiltherme Bad Waltersdorf 152
Heilwasser von Piregg 152
Hengsberger Sauerbrunn (Schrötten/Hengsberg) 76
Herrgottwiesquelle (Puntigam) 13
Hildebrunnen (Sicheldorf) 163
Hildequelle (Zlatten) 33
Hosenbrunn (Miesenbach) 151
Hubertusstein (Trog) 152
Hungerbrünnlein (St. Georgen ob Judenburg) 51
Jagerberger Brunnengang 154
Jakobikapelle (Arzberg) 151
Jasminquelle (Therme Blumau) 161
Johannesquelle (Stainz) 44
Josefi-Quelle (Gaishorn) 106
Kaltenbrunn bei Aigen (St. Anna/Aigen) 155
Kaltes Bründl (Weng) 117
Kaltwasser -Heilanstalt (St. Radegund) 24
Kaltwasser-Heilanstalt (Eggenberg) 12
Kaltwasser-Heilanstalt (Frohnleiten) 17
Kelchbründl (Kapfenstein) 155
Klausenquelle – „Klausner Stahlquelle" (Bad Gleichenberg) 154
Kneipp-Anlage (Admont) 87
Kneippweg Kölbl (Johnsbach) 113

Anhang

Knödlquelle (Thalheim) 58
Kohldümpfl – Hallbachseerl (Hallgraben/Bad Mitterndorf) 111
Konstantin- oder Sulzleiten-Quelle (Bad Gleichenberg) 154
Kretzenbründl (St. Peter am Kammersberg) 138
Kropfbründl (Weng) 117
Kropfquelle von Kreuzberg (St. Hemma) 149
Kühgrantl beim Altarstein (Strallegg) 152
Leonhardbründl (Gabersdorf) 75
Lindenbrunnen (Zlatten) 33
Lödersdorfer Ulrichsbrunn 155
Lourdesgrotte (Kalwang) 69
Maria am grünen Brunn – Grünbründl (Baierdorf) 151
Maria am Kulmbrunnen (Puch) 152
Maria Fieberbründl (Hartberg Umgebung) 152, 153
Maria Helfbrunn (Ratschendorf) 163
Maria Kaltenbrunn (Leoben) 70
Maria-Klein-Heilbrunn (Hohenau) 151
Maria-Theresienquelle (Bad Gleichenberg) 154
Mariannenquelle (Bad Gleichenberg) 154
Marienbründl (Leutschach) 81
Michelquelle (Bad Gams) 37
Mineralbad im Rosenhain (Geidorf) 13
Mineralsäuerling (Gleisdorf) 151
Mineralwasser bei der Größing-Mühle (Tieschen) 163
Moorbad (Schwanberg) 41
Natalienquelle bei Hofstätten (Trautmannsdorf) 154
Naturheilanstalt Klöch 163
Paracelsus-Quelle (Wildbad Einöd) 127
Parktherme (Bad Radkersburg) 162
Patrizius ohne Quelle (Kirchbach) 155
Patriziusquelle (Krusdorf) 155
Peterquelle (Deutsch Goritz) 162
Pfingstwasser (Gleinstätten) 76
Pichla-Heilbrunn (Pichla/Tieschen) 163
Pilgerbrunnen (Neuberg an der Mürz) 123
Pirchinger Wunderbründl (Pirching am Traubenberg) 155
Portugall-Bründl (Arnfels) 75
Quelle am Ganzstein (Mürzzuschlag) 121
Quelle auf dem Pöllauberg 153
Quelle beim Gasthof Spitzer (Preg/St. Lorenzen) 67
Quelle Heiligenstadt (St. Lambrecht) 132
Quelle in Baumgarten (Gnas) 155
Radkersburger Stadtquelle (Bad Radkersburg) 162

Reiterer-Brunnen oder Lukas-Quelle (Wies) 50
Ribitz-Brunnen (Weinburg) 163
Rochusgrotte (Altenmarkt an der Enns) 87
Römerquelle (Bad Gleichenberg) 154
Rosenbergquelle (Rohrbach/Mettersdorf) 163
Salzinger-Quelle (Weißenbach bei Liezen) 118
Salzquelle (Halltal) 29
Salzquellen (Hall bei Admont) 110
Salzwasserbergbad (Bad Aussee) 92
Sankt Hubertusquelle (Bad Gams) 38
Sauerbrunn (Kalsdorf) 20
Sauerbrunn (Raßnitz) 67
Sauerbrunn (Stanz im Mürztal) 126
Sauerbrunnquelle (Perbersdorf/Weinburg) 163
Säuerling im Jasnitztal (Allerheiligen im Mürztal) 121
Säuerling von Neusetz (Neusetz bei Straden) 163
Sauerwasser von Frutten (Gießelsdorf) 154
Schormacherbach (Pyhrn) 114
Schrattenbründl (Afling) 143
Schüsserlbrunn (Breitenau) 29
Schwarenbrunn (St. Lorenzen ob Murau) 134
Schwefelquelle im Fölzgraben (Halltal) 29
Schwefelquellen (Wörschach) 118
Schwefeltherme (Gams bei Hieflau) 109
Seltenriegel-Quelle (Wies) 48
Sicheldorfer Josefsquelle (Sicheldorf) 163
Siebenbrunn (Judendorf) 18
Siechenbächlein (St. Kathrein am Offenegg) 152
Sonnberger Säuerling (Stanz im Mürztal) 126
Sophienquelle (Bad Gleichenberg) 154
Steinerhof (St. Martin bei Kapfenberg) 33
Sulzegger Quellen (Sulzegg) 83
Sulzwiesenquelle (Hofstätten/Deutsch Goritz) 162
Tafelwasserquelle (St. Margarethen an der Raab) 152
Taxberger Ludl (Mühldorf) 155
Teufelsbründl (Pertlstein) 155
Thalheimer Schloßbrunn (Thalheim) 52
Thermalquelle Speltenbach bei Fürstenfeld 161
Thermalquellen von Tobelbad 25
Therme Blumau 161, 162
Therme Loipersdorf 161
Ulrichsbründl (Edelsbach) 154
Ulrichsbrunn (Andritz) 12

Ulrichsbrunn (Markt Hartmannsdorf) 151
Ulrichsbrunn (Radersdorf) 161
Ulrichsbrunn (St. Ulrich am Waasen) 84
Ulrichsbrunn (Tregist) 150
Ulrichsquell (Semriach) 24
Ulrichsquelle (Stanz im Mürztal) 125
Ulrichsquelle bei der Köckenbründlkapelle (Nestelbach) 161
Ulrizi im Bründlwald (Poppendorf) 155
Ulrizibrunnen auf dem Sommerberg (St. Margarethen an der Raab) 152
Unterauersbacher Quelle 160
Ursprungsquelle (Zeutschach) 142
Ursulaquelle (Mettersdorf am Saßbach) 163
Warzenwasser im Katharinenstein (St. Kathrein am Hauenstein) 152
Wasserheilanstalt St. Ruprecht an der Raab 152
Wernersdorfer Sauerwasser (Wernersdorf) 48
Wieser Wasser (Wies) 50
Wildbad (Donnersbach) 105
Wunderbründl beim Brunnerkreuz (Knittelfeld) 60
Zum heiligen Brunn (Irdning) 112
Zwei Johannisbrunnen (Hof bei Straden) 163